Hans Rohrbach

Mit dem Unsichtbaren leben

Unsichtbare Mächte
und die Macht Jesu

R. BROCKHAUS VERLAG WUPPERTAL

Bücher, die dieses Zeichen tragen, wollen die Botschaft von Jesus Christus in unserer Zeit glaubhaft bezeugen.

Das ABCteam-Programm umfaßt in seiner Hauptreihe:
A = aktuelle Themen
B = Berichte, Erzählungen, Lebensbilder
C = Christsein heute

Als Sonderreihe erscheinen Jugendbücher (J) Werkbücher (W), Glauben und Denken (G + D).

Außerdem gibt es Geschenkbücher in besonderer Ausstattung.

ABCteam-Bücher erscheinen in folgenden Verlagen:
Aussaat Verlag Wuppertal / R. Brockhaus Verlag Wuppertal
Brunnen Verlag Gießen / Christliches Verlagshaus Stuttgart
Oncken Verlag Wuppertal / Schriftenmissions-Verlag Gladbeck

ABCteam-Bücher kann jede Buchhandlung besorgen.

© 1976 R. Brockhaus Verlag Wuppertal
Umschlaggestaltung: Ralf Rudolph, Ratingen
Gesamtherstellung: Breklumer Druckerei Manfred Siegel
ISBN 3-417-00590-6

Meinem Freunde
Otto Michel
· in dankbarer Verbundenheit

Lebt nicht wie Unwissende,
sondern wie Menschen, die wissen,
worauf es ankommt

Eph. 5,15

Inhalt

Vorwort

Anlaß zu diesem Buch war der mehrfach geäußerte Wunsch, einen Vortrag von mir, den ich vor vielen Jahren über »Seelsorge an okkult Belasteten« gehalten habe, in einer erweiterten Form verfügbar zu haben. Diese seelsorgerliche Thematik wird im dritten Abschnitt behandelt.

Da aber die Erscheinungen des Okkulten in der Gegenwart mehr und mehr um sich greifen und auch Gläubige in Gefahr stehen, ohne Orientierung zu bleiben oder verführt zu werden, halte ich es für notwendig, das Thema weiter zu fassen und in der mir gegebenen Sicht von einem »Leben mit dem Unsichtbaren« zu sprechen. Damit soll zugleich herausgestellt werden, daß bei dem Eingehen auf Okkultes diesem kein breiter Raum gegeben, sondern in erster Linie von der Macht und dem Sieg Jesu Zeugnis abgelegt wird. Denn Jesus *hat* alle seine Feinde überwunden, vor ihm können auch okkulte Mächte nicht bestehen.

So möchte ich zunächst von dem Leben in Fülle und Freiheit reden, das in Jesus verheißen und gegeben wird. Sodann will ich deutlich machen, daß auch alle Bedrohungen von Fülle und Freiheit, die vom Widersacher Gottes und seinen Mächten kommen können, allein von Jesus her überwunden werden können. Dafür braucht es vollmächtige brüderliche Hilfe, von der als Drittem hier gesprochen werden soll.

Der Begriff des Okkulten wird unterschiedlich verstanden. Das Sammelwerk »Die Religion in Geschichte und Gegenwart« (3. Aufl. 4. Band) begreift Okkultismus als ein »Sammelwort für die Fülle der geheimnisvollen Kräfte und Beziehungen, die im Bereich der Seele, im Haushalt der Natur und zwischen diesen beiden Größen wirken«. Der so verstandene Okkultismus achtet nicht nur auf die Geheimnisse der menschlichen Seele, er ist überzeugt, daß auch die Natur in einem weiteren Sinn beseelt ist und daß darum innige Wechselbeziehungen zwischen der Natur und der Seele des Menschen möglich sind. Beobachtungen dieser Art wurden häufig in zivilisatorisch noch

7

unerschlossenen Missionsgebieten gemacht, wo Christentum und Stammesreligionen einander begegneten. Man spricht hier sogar von »okkultistischer Begabung«, die – religionsgeschichtlich gesehen – zur ursprünglichen Ausrüstung des Menschengeschlechts gehört habe, so daß man dem prähistorischen Menschen ungewöhnliche parapsychische und magische Fähigkeiten zuschreibt, die der moderne Mensch verloren habe. Immerhin ist so ein Ansatzpunkt gegeben, die (im genannten Sinne) okkulten Phänomene parapsychologisch zu erforschen, indem man Menschen auf ihre sogenannte »Psi-Fähigkeit« testet. Praktisch wird dabei das Okkulte mit dem Forschungsbereich der Parapsychologie gleichgesetzt.

Ich möchte diese Forschungen, die mit wissenschaftlichen Maßstäben, d.h. mit schärfster Kritik und Skepsis und mit strengstens abgesicherten Prüfungsmethoden an die Untersuchung solcher okkulten Phänomene herangehen, keineswegs abwerten. Doch muß deutlich sein, daß es bei diesen Forschungen um den Nachweis außer- oder übersinnlicher Fähigkeiten der menschlichen Seele geht, nicht um den Nachweis von Einwirkungen unsichtbarer Mächte. Das muß betont werden. Nach meiner Überzeugung ist es nicht möglich, Einwirkungen aus der unsichtbaren Welt in das Sichtbare hinein wissenschaftlich zu erfassen. Man kann in gewissem Umfang ihre Spuren im Sichtbaren feststellen, nicht aber ihr Wesen oder ihren Ursprung erkennen. Diese Unmöglichkeit liegt darin begründet, daß Gott nicht wissenschaftlich, d.h. mit den Mitteln menschlicher Vernunft, erkannt werden kann und ebensowenig eine Einwirkung guter oder böser Mächte, die auf Gottes Geheiß hin oder unter seiner Duldung tätig werden.

Von der Bibel aus, die ich durchweg als Offenbarungsquelle verstehe, steht fest, daß wir in der sichtbaren, gegenständlichen Welt von einer unsichtbaren Welt umgeben sind, die wir zwar mit den Sinnen nicht wahrnehmen können, von der aber spürbare Einwirkungen auf den Menschen ausgehen. Des Näheren weiß die Bibel von guten und bösen Mächten in dieser anderen Welt; sie spricht von Engeln und von Dämonen, von Thronen und Herrschaften, von Mächtigen und Gewaltigen, die auf Leib, Seele, Geist der Menschen Einfluß nehmen können und nehmen. Ursache und Urheber dieser Einwirkungen bleiben verborgen. Menschliche Neugier aber sucht gern Verborgenes aufzuspüren. Da das seine Gefahren hat und sich für das ewige Leben schädlich auswirken kann, warnt Gottes Wort vor dem Umgang mit verborgenen Mächten. Von ganz wenigen Ausnahmen abgesehen, sind es gottwidrige Mächte, die auf menschliches Bemühen hin sich melden. Von dieser biblischen Warnung aus pflegt man die Begriffe »okkult« und »Okkultes« auf diejenigen Einwirkungen aus der unsichtbaren Welt zu beschränken, die von gottwidrigen Mächten ausgehen und Menschen nach Leib, Seele, Geist in Gefahr oder in schädliche Abhängigkeit bringen. Ich verstehe das »Okkulte« hier stets in diesem Sinne.

Natürlich wird die Existenz von Mächten einer »anderen Welt« weithin bezweifelt, sogar abgestritten. Im wissenschaftlichen Bereich ist man viel mehr geneigt, die davon ausgelösten Erscheinungen und Auswirkungen rein innerweltlich, insbesondere innermenschlich zu erklären. Weder die eine noch die andere Auffassung läßt sich durch rationale Argumente stützen. Hier ist eine Entscheidung erforderlich, wie man glaubensmäßig zu dem lebendigen Gott steht und zu seiner in der Bibel überlieferten Offenbarung. Sie spricht von einem *geschichtlichen Prozeß*, den Gott begann, lenkt und einem Ende zuführt. In diesem Prozeß ist der Böse eine *aktive* geschichtsträchtige Figur.

Es ist der Sinn der beiden ersten Abschnitte des vorliegenden Buches, die Aussagen der Bibel über die »andere Welt«, die sie als das Unsichtbare bezeichnet, zu einer Gesamtschau zusammenzufassen, damit von daher die Warnungen und die Verheißungen der Bibel neu verstanden und Zusammenhänge neu erkannt werden mögen, vor allem jedoch auch das Erlösungswerk Jesu von dieser Sicht her neu in den Blick kommen kann.

Dem Verlag R. Brockhaus bin ich für Übernahme des Manuskriptes aufrichtigen Dank schuldig.

Mainz, Februar 1976   Hans Rohrbach

Einleitung: **Ein Leben der Fülle**

Verheißung und Erfüllung

»Ich bin gekommen, daß sie das Leben und volle Genüge haben sollen.« Dieses Wort Jesu (Joh. 10,10) zeigt, was uns Menschen im Grunde fehlt: ein Leben, das den Namen Leben verdient, und eine Versorgung, die keinen Mangel kennt. Uns das zu bringen, ist Jesus gekommen, ist *ein* Anlaß unter vielen für sein Kommen auf die Erde.

Hinsichtlich des Lebens hören wir von Jesus weiter (Joh. 14,19): »Ich lebe, und ihr sollt auch leben.« Man kann dieses Wort als ein Wort des Auferstandenen verstehen und auf das ewige Leben beziehen. Da es aber in den Abschiedsreden zu den Jüngern gesagt ist, kann es ebenso gut auf das irdische Leben bezogen werden. Dann gibt das »ich lebe« in Jesu Mund einen *Hinweis auf die ihm eigene Art des Lebens,* auf die sein Denken, Reden und Tun bestimmende völlige Abhängigkeit vom Vater im Himmel. Nach dem Willen des Schöpfers, der den Menschen bei der Erschaffung mit dem Einblasen seines Geistes in seine Gemeinschaft berufen hat, soll Leben mehr sein als Existenz, mehr als ein Dasein. Wie auch sonst in der Bibel bedeutet »Leben« in den Worten Jesu ein *»Leben in der Gemeinschaft mit Gott«.* Leben ohne Gott ist im Sinne der Bibel gleichbedeutend mit Tod (Off. 3,1). Vor einem solchen geistlichen Tod will Jesus uns bewahren. Er will uns ein geistliches Leben geben, ein Leben, wie er es in sich gehabt hat.

Daß es etwas Besonderes um dieses Leben ist, sagt uns die Bibel mehrfach. Petrus bekennt von Jesus (Joh. 6,69): »Du bist der Christus, der Sohn des lebendigen Gottes!« Und von diesem Gott wird ausgesagt (Joh. 5,26): »Wie der Vater das Leben hat in sich selber, so hat er auch dem Sohn gegeben, das Leben zu haben in sich selber.« Weiter bezeugt Johannes für die Jünger (1. Joh. 1,2): »Das Leben ist erschienen, und wir haben gesehen und bezeugen und verkündigen euch das Leben, das ewig ist, welches war bei dem Vater und ist uns erschienen.«

An einem solchen Leben will Gott uns über das irdische Leben hinaus Anteil geben durch den Glauben an Jesus. Denn »der Sünde Sold ist Tod; Gottes Gabe aber ist ewiges Leben in Christus Jesus, unserem Herrn« (Röm. 6,23). Es geht um höchste innere Gemeinschaft mit Gott, dem Vater, wie Jesus selbst sie kennzeichnet: »Das ist aber das ewige Leben, daß sie dich, der du allein wahrer Gott bist, und den du gesandt hast, Jesus Christus, erkennen« (Joh. 17,3). Und ein Leben in der Erkenntnis Gottes erweist sich im irdischen Leben dadurch, daß wir *nach dem Willen Gottes für unser Leben fragen, es danach führen lernen und Jesus in uns Herr sein lassen*. Das besagen Worte wie: » . . . , also sollen auch wir in einem neuen Leben wandeln« (Röm. 6,4b). »Ist jemand in Christus, so ist er eine neue Kreatur« (2. Kor. 5,17). »Ich lebe; doch nun nicht ich, sondern Christus lebt in mir. Denn was ich jetzt lebe im Fleisch, das lebe ich im Glauben an den Sohn Gottes« (Gal. 2,20).

Doch nicht nur Leben, *auch volle Genüge* soll uns durch Jesus werden. Diese Zusage bezieht sich zunächst auf den täglichen Bedarf an Nahrung, Kleidung, Wohnung für jeden, den Jesus sich als Zeugen erwählt. Am Ende seines irdischen Wirkens fragt er seine Jünger (Luk. 22,35): »Sooft ich euch ausgesandt habe, . . . , habt ihr je Mangel gehabt? Sie sprachen: Nie.« Aber die Zusage gilt vor allem für die geistigen und geistlichen Gaben derer, die an Jesus glauben. »Ihr seid durch ihn an allen Stücken reich gemacht, an aller Lehre und in aller Erkenntnis. Denn die Predigt von Christus ist in euch kräftig geworden, so daß ihr keinen Mangel habt an irgendeiner Gabe« (1. Kor. 1,5-7). Das bezeugt Paulus auch in seinem Brief an die Epheser: »Gelobt sei Gott, der Vater unseres Herrn Jesus Christus, der uns gesegnet hat mit allerlei geistlichem Segen in himmlischen Gütern durch Christus« (Eph. 1,3).

Was es um diese volle Genüge im einzelnen ist, hebt Paulus anschließend hervor: In ihm (Jesus Christus) hat Gott uns erwählt und dazu verordnet, daß wir seine Kinder seien (Eph. 1,4.5). In ihm haben wir die Erlösung durch sein Blut, die Vergebung der Sünden, und Gott hat uns wissen lassen das Geheimnis seines Willens (Eph. 1,7.9). In ihm sind wir auch zum Erbteil gekommen, auf daß wir etwas seien zum Lobe seiner Herrlichkeit (Eph. 1,11.12). Und dies alles kommt jedem an Jesus Glaubenden zu, denn, so beschließt Paulus die Aufzählung der himmlischen Güter, »in ihm seid auch ihr, da ihr gläubig wurdet, versiegelt worden mit dem heiligen Geist, der verheißen ist, welcher ist das Unterpfand unseres Erbes zu unserer Erlösung, daß wir sein Eigentum würden zum Lob seiner Herrlichkeit« (Eph. 1,13.14).

Frage an uns

Nachdem wir uns so Jesu Verheißung und ihre Erfüllung in den Urgemeinden vor Augen gestellt haben, erhebt sich die Frage: Haben wir, die wir heute an Jesus glauben, diese Fülle und volle Genüge? Oder begnügen wir uns mit wenigem an Frömmigkeit und Christlichkeit, obgleich wir aus Jesu Fülle nehmen könnten Gnade um Gnade? Gibt sein Geist Zeugnis unserem Geist, daß wir Gottes Kinder sind? Haben wir Heilsgewißheit? Haben wir Vergebung unserer Sünden? Deckt uns sein Geist auf, was in unserem Leben noch zu bereinigen ist? Wissen wir von Ältesten in der Gemeinde, bei denen wir beichten können? Durch deren Zuspruch uns Jesu Vergebung erreicht und uns mit Freude und Seligkeit erfüllt? Haben wir Freude am Wort Gottes? Wissen wir um den Sinn von Anfechtungen? Um die Weisungen der Bibel zu deren Überwindung? Um die Möglichkeit von Seelsorge? Wollen wir immer noch allein mit unseren Sorgen und Problemen fertig werden, statt in Anspruch zu nehmen, was Jesus uns bietet? Finden wir uns zurecht in der Vielfalt von Bewegungen der Gegenwart, die Freude, Frieden, Liebe, Licht, Erkenntnis u.a. zu vermitteln versprechen und sich oft auf Gott und Christus berufen?

Jesus hat gesagt: Ich bin gekommen, daß sie das Leben und volle Genüge haben. Und er fügt hinzu: »Ich bin der gute Hirte und kenne die Meinen und bin bekannt den Meinen. Ich lasse mein Leben für die Schafe. . . . Meine Schafe hören meine Stimme, und ich kenne sie, und sie folgen mir« (Joh. 10,14.15.27). Weiter warnt uns Jesus vor Fremden, die er mit Dieben, Räubern und Mietlingen vergleicht. Er ist zwar gewiß: »Einem Fremden aber folgen sie nicht nach, sondern fliehen vor ihm; denn sie kennen der Fremden Stimme nicht« (Joh.

10,5). Aber *sind wir uns dessen gewiß*? Können wir unter den vielen Stimmen, die in der Gegenwart auf uns eindringen, eindeutig die Stimme Jesu heraushören? Es gibt viele falsche Apostel und falsche Propheten! Paulus wird sehr deutlich, wenn er von ihnen redet: »Solche falschen Apostel und arglistigen Arbeiter verstellen sich zu Christi Aposteln. Und das ist auch kein Wunder; denn er selbst, der Satan, verstellt sich zum Engel des Lichts. Darum ist es auch nichts Großes, wenn sich auch seine Diener verstellen als Diener der Gerechtigkeit« (2. Kor. 11,13–15).

Wachsamkeit tut not

Menschen, die an Jesus glauben, sind zu jeder Zeit, aber vielleicht noch niemals so stark wie jetzt, den Verführungen Satans ausgesetzt, der sich äußerst geschickt zu tarnen versteht und seine Diener zurüstet und aussendet, um Christen von Jesus abwendig zu machen. Sind wir wachsam? Greifen wir ständig zu dem, was Jesus uns bietet? Damit sein Wort für uns wahr bleibt: »Niemand wird sie aus meiner Hand reißen« (Joh. 10,28)? Schon Jesu Jünger, die wahren Apostel, mußten zu ihrer Zeit die Gemeinden warnen: »Seid nüchtern und wachet; denn euer Widersacher, der Teufel, geht umher wie ein brüllender Löwe und sucht, wen er verschlinge. Dem widerstehet fest im Glauben und wisset, daß ebendieselben Leiden über eure Brüder in der Welt gehen« (1. Petr. 5,8.9). »Lasset euch von niemand verführen! Wer recht tut, der ist gerecht, gleichwie er (Jesus) gerecht ist. Wer Sünde tut, der ist vom Teufel; denn der Teufel sündigt von Anfang. Dazu ist erschienen der Sohn Gottes, daß er die Werke des Teufels zerstöre« (1. Joh. 3,7.8). Damit setzen die Jünger einen Kontrapunkt zu Jesu Wort vom Leben und voller Genüge. Denn *diese Gaben sind bedroht*. Es ist ein Widersacher da. Der Widersacher Gottes ist auch unser Widersacher, die wir an Jesus als unseren Herrn und Erlöser glauben. Und nur dadurch, daß Jesus der Stärkere und allein imstande ist, die Werke des Teufels – damals wie heute – zu zerstören, haben wir als Christen die Möglichkeit, mit Jesus im Kampf gegen Satan und seine (menschlichen und dämonischen) Diener zu bestehen.

Beides, das Kommen Jesu als Sohn Gottes auf die Erde zur Erlösung für viele und das Bemühen Satans, Jesu Erlösungswerk zu vernichten, ist Realität. Von dieser Realität redet die Bibel sehr nüchtern – warnend im Wissen um die Macht der Finsternis, ermutigend im Wissen um den Sieg Jesu. *Die Bibel in beidem ernst zu nehmen, ist wie eh und je lebensnotwendig* – für jeden, ob er schon glaubt oder noch nicht glaubt. Dieses Buch versucht, einiges an Zusammenhängen um Licht und Finsternis in praktischer Seelsorge aufzudecken.

I. Abschnitt

Die biblische Sicht von der Gesamtwirklichkeit

Kapitel 1: **Kritische Besinnung**

Weltbild und Gottesbild

Wir haben von Gott und von Jesus Christus, dem Auferstandenen, auch von dem Widersacher Gottes, dem Teufel, gesprochen – als von Realitäten. Dabei haben wir uns an die Bibel gehalten und betont, daß es notwendig, sogar lebensnotwendig sei, sie in ihren Aussagen ernst zu nehmen, in ihren Verheißungen sowohl wie in ihren Warnungen. *Darf man aber heute so noch reden?* Handelt es sich dabei nicht um längst überholte Vorstellungen? Haben nicht historische, naturwissenschaftliche, medizinische, psychologische Forschungen die Angaben der Bibel als zeitbedingt und mythologisch erkannt? Wo soll es in dieser Welt einen Himmel oder eine Hölle geben, wo soll man sich Gott und Jesus, den Auferstandenen, wo Engel, Teufel und Dämonen denken?

Gewiß, das sogenannte »biblische Weltbild«, das sich die Wirklichkeit mit Himmel, Erde und Hölle wie in drei Stockwerke gegliedert dachte, gehört zu den naiven, vorwissenschaftlichen Vorstellungen der Christenheit. Die Geschehnisse, von denen die Bibel berichtet, haben zwar durch die Jahrhunderte hindurch viele bedeutende Künstler zu großen Kunstwerken inspiriert, vor allem in Malerei und Dichtung. Aber auch diese Darstellungen müssen in vielerlei Hinsicht als naiv angesehen werden. Die Bilder Michelangelos in der Sixtinischen Kapelle nehmen zweifellos jeden Beschauer gefangen und geben ein überwältigendes Zeugnis für den Glauben des Künstlers. Sich Gott als Ehrfurcht gebietenden Mann mit wallendem Haupthaar und Bart vorzustellen, ist menschlich verständlich, entbehrt aber jeder biblischen Grundlage. Denn dort wird uns gesagt (Joh. 1,18): »Niemand hat Gott je gesehen; der eingeborene Sohn, der in des Vaters Schoß ist, der hat ihn uns verkündigt.« Und dieser Sohn Gottes spricht: »Gott ist Geist, und die ihn anbeten, die müssen ihn im Geist und in der Wahrheit anbeten« (Joh. 4,24).

Jede bildhafte Darstellung Gottes geht an seiner Seinsweise vorbei.

Nicht umsonst ist dem ersten Gebot die Weisung beigegeben: »Du sollst dir kein Bildnis noch irgendein Gleichnis machen, weder von dem, was oben im Himmel, noch von dem, was unten auf Erden, noch von dem, was im Wasser unter der Erde ist: Bete sie nicht an und diene ihnen nicht« (2. Mos. 20,4.5). In der Dreigliederung dieser Weisung scheint sich das naive Weltbild anzudeuten, doch trifft das nicht zu. Man muß die Gliederung tiefer verstehen, was später (Kapitel 4) ausgeführt werden wird. Hier geht es in der Weisung darum, daß Menschen von Mächten – im Himmel, auf der Erde, unter der Erde – wissen und sich in dem Wunsche, sich an Sichtbares und Greifbares zu halten, Bildnisse von ihnen machen und diese Götzenbilder, wie die Bibel sie nennt, anbeten und sich ihnen unterwerfen. Ob gute oder böse Mächte so dargestellt und verehrt werden, Engel, Heilige, Teufel, Dämonen, ist Gott in gleicher Weise ein Greuel. Er schließt sich selbst in dieses Gebot ein; auch von ihm sollen wir uns kein Bild machen, wie etwa aus den Stellen 5. Mos. 4,15 oder Jes. 40,18 hervorgeht. Sehr deutlich greift Paulus darauf zurück, wenn er schreibt (Röm. 1,23): »Sie haben verwandelt die Herrlichkeit des unvergänglichen Gottes in ein Bild gleich dem eines vergänglichen Menschen.«

Gott erwartet von uns, daß wir *an ihn als den Unsichtbaren* glauben. Das einzige »Bild«, das uns erlaubt ist, ist – Jesus. Er ist das Ebenbild des unsichtbaren Gottes (Kol. 1,15). An ihn allein sollen wir uns halten, zu ihm allein aufschauen (Hebr. 12,2). Jede bildliche oder allegorische Darstellung Gottes entspringt menschlichem Denken und ist damit naiv. Gleiches gilt für Darstellungen des Auferstandenen oder von Engeln. Ihre Seinsweise ist mit menschlichen Mitteln nicht ausdrückbar.

Das Böse und der Teufel

Ebenso sind die mittelalterlichen Darstellungen vom Teufel und von Dämonen als naiv zu bezeichnen. Attribute wie Pferdefuß, Schwanz und Hörner sind Produkte menschlicher Phantasie, die mit der Realität des Teufels nichts zu tun haben. Solcherlei Darstellungen wurden seit der Aufklärung mit Recht als lächerlich empfunden und führten nur dazu, Teufel und Dämonen als Kategorien des Aberglaubens anzusehen, von denen ein aufgeklärter Mensch sich mittels der Vernunft zu lösen habe. Hexenprozesse und andere inquisitorische Maßnahmen taten ein Übriges, die Glaubwürdigkeit biblischer Aussagen in Frage zu stellen. Mit dem Sich-lösen von kirchlicher Lehre und naivem Volksglauben wurden die Mächte des Bösen mehr und mehr verharmlost, im Grunde geleugnet.

Aber das Böse in der Welt blieb und mehrte sich. Es macht sich in der Gegenwart in ungeahnter und erschreckender Weise bemerkbar. Um es zu erfassen, bedurfte es neuer Kategorien. So versteht man Teufel und Dämonen vielfach nur als Begriffe, als Personifikation des Bösen in der Welt und im Menschen. Damit ordnet man dieses ein in den Bereich von Ethik und Moral, von Philosophie, Weltanschauung oder Ideologie. Die darauf gegründeten Maßstäbe und Normen sind aber für den Großteil der Menschen unverbindlich, und es entsteht ein Leerraum, in den hinein Information und Orientierung gegeben werden sollten. Dazu *werden die richtigen Kategorien noch gesucht*.

So ist es kein Wunder, daß in der Gegenwart die Diskussion um den Teufel und das Böse, um ihr Wesen und ihre Realität erneut aufgegriffen wird, insbesondere von theologischer Seite. Einen Überblick über die hierbei vertretenen Ansichten verschafft die kürzlich erfolgte repräsentative Meinungsumfrage bei katholischen und evangelischen Theologen *. Ihnen wurden zahlreiche Thesen vorgelegt, zu denen sie sich zustimmend oder ablehnend äußern sollten. Beispiele für solche Thesen sind:

Die traditionelle Teufelslehre der Kirche ist ein Hindernis für den Kampf gegen den Aberglauben.

Der Teufel wird nur deswegen in der Bibel als Person dargestellt, weil die Bibel ganz allgemein die mythische Ausdrucksweise ihrer Zeit übernommen hat.

Der Teufel ist die Personifikation des Bösen in uns und in der Welt, nicht aber ein real existierendes personales Wesen.

Der Mensch ist zu den größten Untaten fähig, ohne daß der Teufel auch nur einen Finger rühren muß.

* *A. J. Hammers und U. Rosin*, Fragen über den Teufel, in: E. Bauer (Hrsg.), Psi und Psyche, Stuttgart 1974, S. 61–73.

Leute, die den Teufel für ihre Anfechtungen verantwortlich machen wollen, versuchen, ihren innerseelischen Konflikten auszuweichen.

Wenn wir das Böse als solches ernst nehmen und bekämpfen, ist die Intention der Bibel erfüllt, egal, ob wir an die personale Existenz des Teufels glauben oder nicht.

Von den befragten Theologen haben evangelischerseits die meisten (etwa drei Viertel) allen sechs Thesen zugestimmt, katholischerseits den ersten drei Thesen etwa ein Drittel, den letzten drei Thesen etwa zwei Drittel. So aufschlußreich dieses Ergebnis auch sein mag – von Bedeutung ist in unserem Zusammenhang nur die Naivität, mit der die Thesen formuliert und angenommen wurden. Denn *die Thesen setzen voraus, daß sie gesicherte oder entscheidbare Aussagen machen.* Dem gegenüber muß zurückgefragt werden: *Ist* der Glaube an die Realität des Teufels wirklich Aberglaube? *Ist* die biblische Ausdrucksweise mythisch? *Ist* die Frage nach der Personalität des Teufels entscheidbar? *Ist* die Wurzel menschlicher Untaten letztlich erkennbar? Sind Anfechtungen nur psychologisch bedingt? Ist es möglich, das Böse zu bekämpfen ohne das biblische Zeugnis vom Sieg Jesu?

Wer meint, solche Rückfragen seien theologisch erledigt, hat Vorentscheidungen getroffen, besonders über das Verständnis der Bibel. Bei Diskussionen um den Teufel und das Böse kommen dann nur menschliche Vorstellungen und Erkenntnisse zum Zuge. Da nicht geprüft wird, ob das für das vorliegende Problem ausreicht, handelt es sich bei den gewonnenen Ergebnissen auch um Naivitäten.

Vom Sein Gottes

Aus zwei entgegengesetzten Richtungen sind wir auf Naivitäten gestoßen. Einmal von der Seite der Bibelgläubigen her, für die am traditionellen Verständnis biblischer Aussagen nichts geändert werden darf. Zum anderen von der Seite der Bibelkritiker her, für die die Bibel mehr oder weniger ein Buch wie jedes andere Buch ist.

Die einen halten an der Stockwerksvorstellung fest, weil sie meinen, damit im Weltbild der Bibel zu leben. Würden sie die Vorstellung aufgeben, so fürchten sie, würden alle biblischen Worte von einem Oben und einem Unten, besonders die von der Höllen- und der Himmelfahrt Jesu, von der Entrückung der Gemeinde und von der Wiederkunft Jesu hinfällig werden. Die anderen halten sich an wissenschaftliche Erkenntnisse und sehen in vielen biblischen Aussagen zeitbedingte Vorstellungen, die neu zu interpretieren sind. Die einen gehen von der Menschwerdung Gottes, von seiner Zuwendung zu den Menschen aus und haben ein nahes, anschauliches, menschliches Gottesbild. Die anderen betonen den Unterschied von Schöpfung und Schöpfer, kommen nach und nach zu einem fernen, abstrakten Gottesbild und können vom sogenannten naturwissenschaftlichen Weltbild her das biblische Zeugnis von einem persönlichen Gott nicht nachvollziehen, da ein Himmel in dieser Welt nicht existiert. Die einen verstehen mit dem Glauben an einen persönlichen Gott auch den Widersacher Gottes, den Teufel, als Person. Die anderen können, wenn sie Gott nur als innermenschliches Prinzip (das Wie meiner Existenz, das Warum meiner schlechthinnigen Abhängigkeit) oder als zwischenmenschliche Beziehung (Mitmenschlichkeit) verstehen, auch dem Teufel keine personale Existenz zuordnen.

Mit diesen beiden nur angedeuteten Richtungen sind Extreme von Glaubenshaltungen skizziert, die zwar je in sich konsequent sind, aber doch als naiv gelten müssen. Denn sie meinen, über *das Sein oder Nichtsein Gottes könne nach menschlichen Vorstellungen entschieden werden.* Beide Richtungen werden die Worte kennen (Jes. 55,8.9): »Meine Gedanken sind nicht eure Gedanken, und eure Wege sind nicht meine Wege, spricht der Herr, sondern so viel der Himmel höher ist als die Erde, so sind auch meine Wege höher als eure Wege und meine Gedanken als eure Gedanken.« Aber sie beachten zu wenig oder gar nicht, daß wir damit auf das *große Geheimnis* hingewiesen werden, das über der Person Gottes liegt und *das die Bibel nicht lüftet.* Paulus beugt sich darunter, wenn er schreibt (1. Kor. 13,9.10.12): »Unser Wissen ist Stückwerk, und unser Weissagen ist Stückwerk. Wenn aber kommen wird das Vollkommene, so wird das Stückwerk aufhören. Wir sehen jetzt durch einen Spiegel in einem dunklen Wort, dann aber von Angesicht zu Angesicht. Jetzt erkenne ich stückweise; dann aber werde ich erkennen, wie ich erkannt bin.«

Wenn wir recht vom Sein Gottes reden wollen, müssen wir von allen wissenschaftlichen oder weltanschaulichen, allen philosophischen oder ideologischen Seinsvorstellungen absehen und allein auf die Bibel hören. Sie gibt uns Zeugnisse von Menschen, zu denen Gott geredet hat. Sie stellt zunächst fest (Hebr. 11,6): »Wer zu Gott kommen will, der muß glauben, daß er sei«, und bezeugt: »Nachdem vorzeiten Gott manchmal und auf mancherlei Weise geredet hat zu den Vätern durch die Propheten, hat er in diesen letzten Tagen zu uns geredet durch den Sohn« (Hebr. 1,1.2). Nach diesem Grundzeugnis der Bibel wissen wir: Gott *ist*. Aber nach eben diesem Grundzeugnis *ist Gott nicht wie wir Menschen oder die Dinge sind*. Es ist nicht ohne Bedeutung, daß Gottes Offenbarung im Orient geschah und daß er sich ein Volk des Nahen Ostens ausgesucht hat, das alte Volk Israel, dem er die Offenbarung in seinem Wort schenkte. Dieses Volk hat – sicher auch unter dem Einfluß der ihm gegebenen Offenbarung – ein Denken entwickelt, das vom abendländischen Denken, etwa dem griechischen, grundverschieden ist. Im Orient geht es um ein vorphilosophisches Denken, das die Frage nach dem Sein nicht durchreflektiert hat. Es sieht auch keine Veranlassung, das zu tun. Denn die *Beziehung* ist wichtig, nicht das Sein. Frau und Kinder *hat* man, darauf kommt es an, nicht daß sie *sind*. Wird ein Kind aus der Familie ausgestoßen, etwa weil es einen anderen Glauben angenommen hat, so *ist* dieses Kind nicht mehr, weil die Beziehung zur Familie aufgehört hat. Auch das Selbstzeugnis Gottes im Alten Testament: »Ich bin der Ich bin« (2. Mos. 3,14) ist keine metaphysische Seinsaussage, sondern setzt eine Beziehung, zeigt die Hinwendung Gottes zu seinem Volk: Mose soll vom Pharao fordern, daß der das Volk frei lasse, und dabei sagen: »Der Ich bin schickt mich.«

Wir pflegen zu fragen, *ob* Gott ist, *wo* er ist, *wie* er ist u.a. Darauf aber antwortet Gott nicht. Er will nicht unsere Logik befriedigen, sondern schafft durch Offenbarung sein Verhältnis zu uns Menschen und setzt damit auch unsere Beziehung zu ihm. *Darum* geht es der Bibel. Sie philosophiert nicht über das Sein Gottes. Sie spricht von seinen großen Taten und zeigt, was die Hinwendung Gottes zum Menschen für diesen bedeutet. Will man einen »Gottesbeweis« versuchen, so müßte er lauten: Gott ist, *weil es Menschen gibt, die von ihm wissen und ihm vertrauen aufgrund einer Beziehung zu ihm, die durch sein Wort gewirkt wurde.* Demgegenüber gilt: Ein Ding ist, weil jemand die Idee hatte, das Ding zu machen. Im griechischen, philosophischen Denken muß die Idee des Dinges da sein, im orientalischen der Mann, der das Ding gebrauchen will. Alle Abstraktionen sind der Bibel fremd. Gott ist keine Idee. Gott ist kein Prinzip. Die Argumente für die heute mancherorts modern gewordene Gott-ist-tot-Theologie beruhen auf einem philosophischen Seinsdenken, das an der Bibel völlig vorbeigeht.

Personalität im Geist

Was über das Sein Gottes ausgeführt wurde, gilt für alle drei Personen der Gottheit, für den Vater, für den Sohn, für den Heiligen Geist. Während wir aber Gott Vater und Gott Sohn ohne Mühe personhaft denken können, fällt es bei Gott, dem Heiligen Geist, im allgemeinen schwer. Inwiefern ist auch er Person?

Um zu einer Antwort zu kommen, bedenke man, ob die Schwierigkeit nicht da herrührt, daß wir uns Gott Vater und Gott Sohn in *falscher* Weise als Person vorstellen; daß wir Erfahrungen und Begriffe unserer Welt auf die Welt Gottes übertragen, ohne zu überlegen, ob das sinnvoll ist. Gott ist nicht, wie wir Menschen sind.

Das ist sogar gegenüber einem Gesicht zu beachten, das dem Propheten Daniel geschenkt wurde. Er berichtet (Daniel 7,9.13): »Ich sah, wie Throne aufgestellt wurden, und einer, der uralt war, setzte sich. Sein Kleid war weiß wie Schnee und das Haar auf seinem Haupte rein wie Wolle; Feuerflammen waren sein Thron, und dessen Räder loderndes Feuer . . . Ich sah in diesem Gesichte in der Nacht und siehe, es kam einer mit den Wolken des Himmels wie eines Menschen Sohn und gelangte zu dem, der uralt war, und wurde vor ihn gebracht. Der gab ihm Macht, Ehre und Reich.« Hier sieht Daniel prophetisch die Erhöhung Jesu, nach dessen Entrückung ins Unsichtbare, zur Rechten des Vaters voraus. Und Gott offenbart sich in diesem und anderen Gesichten und Worten so, *daß wir ihn, den Unermeßlichen, in unserer Begrenztheit erfassen können.* Wie er wirklich ist, können wir als endliche Wesen nicht erkennen, ebenso wie das eigentliche Wort Gottes für uns unaussprechlich ist (2. Kor. 12,4).

Wir sollten uns daher, aus biblischer Sicht, von jeder anthropomorphen, uns noch so geläufigen Vorstellung trennen, d.h. von der Vater*figur* und von der Sohns*gestalt* ganz absehen. Stattdessen sollten wir lernen, für Gott den Vater und Gott den Sohn und Gott den Heiligen Geist *einunddasselbe pneumatische Sein* anzunehmen und seine biblische Bedeutung darin zu sehen, daß es *eine Beziehung zum Menschen* setzt. Der Vater, der uns geschaffen hat, der Sohn, der uns erlöst hat, der Heilige Geist, der uns in alle Wahrheit leitet – das ist jeweils die Beziehung, die uns mit dem Glauben gegeben ist, in der wir stehen und an die allein wir uns zu halten haben. *Alle drei Personen der Gottheit sind in gleicher Weise unvorstellbar*, alle drei sind Geist und im Geist und in der Wahrheit anzubeten. Das Personhafte liegt allein in ihrem Wirken: im Wollen, im Reden, im Handeln, in der liebenden, rettenden oder richtenden Zuwendung zu uns Menschen. Nur hierin liegt das Personhafte, nicht in einem wie auch immer gearteten Gestalthaften.

Jeder von ihnen *ist* Person, aber sie können als solche nicht erfaßt, sondern nur verkündigt werden (Joh. 1,18) und sind über ihrer Hinwendung zu den Menschen anzubeten. In der Richtung von uns zu ihnen: alle drei gleich unvorstellbar für unser Denken. In der Richtung von ihnen zu uns: alle drei ganz und gar Person in ihrem Wirken. Daß Gott sich in der Menschheit offenbart hat, daß er sich mit Zeichen und Wundern manifestiert hat, besonders durch seine Menschwerdung in Jesus, durch die Auferweckung Jesu vom Tode, durch die Sendung des Heiligen Geistes – davon redet die Bibel. *Aber das Geheimnis, das dahinter steht, bleibt davon unberührt und wird durch die Aussage des Personseins nicht getroffen* (O. Michel*).

In gleicher Weise liegt auch über der Personhaftigkeit des Bösen, des Teufels, *ein Geheimnis, das die Bibel nicht preisgibt*. Auch er ist Geist, Macht und Person und wirkt deshalb personhaft auf den Menschen, weil er sich in konkreten Anläufen so manifestiert. In der Manifestation liegt das Personhafte. Es geht aber nicht an, wie C.G. Jung es formuliert hat, in Parallele zur Trinität Gottes unter Hinzunahme

---

* *O. Michel und A. Fischer*, Gestaltwandel des Bösen, Theol. Verlag R. Brockhaus Wuppertal 1975, S. 77.

des Teufels von einer »Quaternität« zu sprechen. Denn man darf den gewaltigen Unterschied nicht übersehen, der zwischen Gott und dem Teufel besteht: Satan, der Teufel, der Widersacher, der Drache, die Schlange, wie immer die Bibel den Bösen bezeichnet, ist Kreatur, Geschöpf. Wie O. Michel es beschreibt: Das Satanische steht im Schatten Gottes, ohne selbst Schatten zu sein. Alles kommt auf den Scheidungsprozeß zwischen Gott und Satan an, den das Denken des Menschen vollziehen muß. Eine spannungslose Gotteslehre ist ständig in Gefahr, unbiblisch zu werden. Für den Menschen bedeutet das Satanische, daß er es biblisch zunächst als ein Geschehen im Schatten Gottes kennenlernt, daß er es aber ernstnehmen muß im konkreten Zusammenstoß, in der konkreten Versuchung und Gefährdung einer Situation. Der Zusammenstoß in der Geschichte ist wichtig, nicht nur der Willensakt der Entscheidung (O. Michel*).

Weil trotz der personhaften Manifestation des Teufels das Geheimnis, das dahinter steht, von der Bibel nicht gelüftet, höchstens hier und da angedeutet wird, sind alle menschlichen Überlegungen über Existenz bzw. Person des Teufels zum Scheitern verurteilt. Aus diesem Grunde wurde im Abschnitt über »Das Böse und der Teufel« von Naivitäten gesprochen.

* *O. Michel und A. Fischer, a.a.O., S. 78.*

Kapitel 2: **Sichtbares und Unsichtbares**

Eine grundsätzliche Klärung

Das vordergründige Stockwerksweltbild von Himmel, Erde und Hölle hatte durchaus den Vorzug, anschaulich zu sein und einsichtige Relationen von »oben« und »unten« zu setzen. Aber es barg den unheilvollen Kern, daß viele Menschen ihren Glauben darauf stützten und ein so vom Sichtbaren abhängiger Glaube mit einer Zerstörung des naiven Weltbildes schwer erschüttert werden konnte. Als es in der Neuzeit dazu kam, begann eine weitgehende Abkehr vom Glauben, die bis in die Gegenwart anhält und sich mehr und mehr ausbreitet. Damit zeigt sich, wie wichtig die Warnung Gottes war, kein Bildnis noch Gleichnis zu machen (2. Mos. 20,4.5). Damals wie heute will er sein Volk vor einer Vergötzung natürlicher oder übernatürlicher Kräfte und Mächte bewahren. Zu solchen Mächten ist auch jedes anschauliche Weltbild zu rechnen, weil es von Menschen absolut gesetzt und damit vergötzt werden kann.

Deshalb durfte menschliche Weisheit das naive Weltbild zerschlagen und ein neues, das naturwissenschaftliche Weltbild des 19. Jahrhunderts, aufbauen, Doch auch dieses Weltbild war trotz seiner gewaltigen Dimensionen anschaulich, weil es einseitig war. Es umfaßte nur die sichtbare Wirklichkeit und hatte keinen Raum für den Himmel, für den lebendigen Gott, für Mächte und Gewalten, für übernatürliche Zeichen und Wunder, auch nicht für die Hölle. Deshalb hat Gott dafür gesorgt, daß auch das naturwissenschaftliche Weltbild seine Geltung verlor. Es wurde in diesem Jahrhundert, vielleicht dem letzten der menschlichen Geschichte, von der Naturwissenschaft selbst widerlegt.[*] Die gegenwärtige Sicht bezieht sich zwar auch nur auf das Sichtbare (denn anderes kann wissenschaftlich nicht erforscht und erkannt werden) und *ist damit ein Naturbild und nicht mehr ein*

---

[*] Damit distanziere ich mich von einer Redeweise, die ich selbst früher gebraucht habe: Vgl. *H. Rohrbach*, Naturwissenschaft, Weltbild, Glaube, R. Brockhaus Verlag Wuppertal 1967, 9. Aufl. 1975.

Weltbild. Es kennt aber seine Grenzen und läßt dem einzelnen, der danach verlangt, den Raum und *die Freiheit, vom Naturbild her sein persönliches Weltbild zu gewinnen*, d.h. eine weltanschauliche oder philosophische oder ideologische oder glaubensmäßige Gesamtschau, die dem wissenschaftlich begründeten Naturbild nicht widerspricht.

Die Einseitigkeit des naturwissenschaftlichen Weltbildes des vergangenen Jahrhunderts, das das naive Weltbild nicht nur ablöste, sondern bewußt ablehnte, hat in diesem Jahrhundert zu der schwerwiegenden Konsequenz geführt, daß auch im Raum der wissenschaftlichen Theologie weithin nur *eine* Wirklichkeit, die sichtbare, gegenständliche Welt, *als allein denkbar angenommen* wird. Das ist im Grunde eine Vergötzung von Wissenschaft und naturwissenschaftlichem Weltbild, die wiederum zur Folge hat, daß in weiten Bereichen der Christenheit an Gott als den persönlichen Gott der Bibel nicht mehr geglaubt und folglich die Realität des Teufels als absurd angesehen wird. Damit sind große Teile der Christenheit in der gegenwärtigen, gewiß schon endzeitlich geprägten Situation von ihren Hirten verlassen (Joh. 10,12.13) und ohne seelsorgerliche Hilfe für eine Orientierung in den Wirren der Zeit.

Im vorangehenden Kapitel war bereits die Rede von den beiden extremen Einstellungen, dem Festhalten am naiven Weltbild als dem vermeintlichen Weltbild der Bibel und dem Festhalten am naturwissenschaftlichen Weltbild als dem vermeintlichen Weltbild der Vernunft. Eine Entscheidung zwischen diesen beiden Einstellungen wird für viele Menschen, ob gläubig oder nicht, dadurch erschwert, daß die Verfasser der biblischen, insbesondere der neutestamentlichen Bücher im naiven Weltbild gelebt und von da her formuliert haben. Man denke etwa an Aussagen im zweiten Artikel des apostolischen Glaubensbekenntnisses und an zahlreiche Bibelstellen, die von einem »Oben« und von einem »Unten« sprechen. Vielen erscheint diese naive Sicht als die Sicht der Bibel. Wenn man aber weiß, daß die Bibel nicht menschliche Weisheit wiedergibt, sondern in ihr Gott selbst zum Menschen redet, muß man sich einerseits sagen, daß ein angeblich biblisches Weltbild, das durch menschliche Erkenntnis – die Ergebnisse der Naturwissenschaft – widerlegt werden konnte, Gott die Ehre nimmt. Denn er, der Schöpfer, weiß, wie seine Welt aussieht, und offenbart in seinem Wort keine falsche Sicht. Daher kann das naive Weltbild nicht auf göttlicher Offenbarung beruhen. Und man muß andererseits zur Kenntnis nehmen, daß Gott auch das naturwissenschaftliche Weltbild durch die Naturwissenschaft außer Kurs setzen ließ. In beiden Fällen zeigt sich, wie Gott über seinem Wort in 2. Mos. 20,4.5 wacht.

Beim Überdenken dieser Zusammenhänge erscheint die Frage berechtigt, ob die glaubende Gemeinde an der Stockwerksvorstellung als dem Weltbild der Bibel festhalten will, weil sie meint, daß mit dessen Preisgabe eine biblische Wahrheit aufgegeben wird. Oder ob sie bereit ist, die Weisung Gottes von 2. Mos. 20,4.5 und sein Handeln an den Weltbildern zu beachten und sich von da her sagen zu lassen, daß die Bibel als offenbartes Wort Gottes *die richtige Schau von der Gesamtwirklichkeit in einer tieferliegenden, verborgenen Weise* hat und daß nach Gottes Plan jetzt die Stunde gekommen ist, *sie nach dieser Schau zu befragen und sich dazu auf ein Neues einzustellen* (Jer. 4,3; Hos. 10,12).

Das unbekannte Unsichtbare

Die Bibel bezeugt nicht nur eine, sondern zwei Wirklichkeiten, das Sichtbare und das Unsichtbare (2. Kor. 4,18; Hebr. 11,3; Kol. 1,15.16). Diese ihre Schau umfaßt die gesamte Wirklichkeit, mit der es der Mensch zu tun hat, die ihn unbedingt angeht, von der er also wissen sollte.

Die sichtbare Wirklichkeit ist die Welt des Menschen, in die hinein er geboren wird, in der er lebt und arbeitet, die er erforscht und sich nutzbar macht, die er verwaltet und zu beherrschen sucht, die er aber auch wieder verlassen muß. Das Unsichtbare als die Welt Gottes ist die Wirklichkeit, in der der Mensch als ein Gedanke Gottes entsteht (Ps. 139,15−16), von der er abhängig ist, vor der er sich zu bewähren hat und in die er zurückgerufen wird (Psalm 90,3), weil er sich dort für sein Leben im Sichtbaren zu verantworten hat. Es ist daher *eine der ärgsten Täuschungen*, die dem heutigen Menschen von atheistischer oder von wissenschaftlicher Seite zugemutet wird, *daß er es nur mit einer Wirklichkeit, dem Sichtbaren, zu tun habe.*

Sichtbar im Sinne des biblischen Zeugnisses ist alles, was durch menschliches Bemühen erkennbar ist, sei es mit den scharfsinnigsten Überlegungen des menschlichen Verstandes, sei es mit den leistungsfähigsten Instrumenten und Geräten von Naturwissenschaft und Technik, sei es zurück in die tiefste Vergangenheit irdischer und kosmischer Geschichte, sei es, noch bevorstehend, in die fernste Zukunft hinaus, also *alles Raumzeitliche, alles rational Erfaßbare*. Unsichtbar ist demgegenüber alles andersartige Sein, *das Überraumzeitliche, das Transwissenschaftliche*, das nie durch menschliche Bemühungen und Fähigkeiten erkannt worden ist noch je erkannt werden wird.

Vom Unsichtbaren wissen wir nur dadurch, daß dem Menschen von dort her Kunde gegeben wurde, d.h. durch Offenbarung, durch Selbstmitteilung Gottes oder der Mächte und Gewalten aus dem Unsichtbaren in das Sichtbare hinein. Daß das geschah und mehrfach geschehen ist (1. Mos. 1,1ff.; Hebr. 1,1.2; Matth. 4,3ff.), wissen wir nur durch Bezeugungen von Menschen, denen eine Offenbarung zuteil wurde. Die Bibel nennt solche Menschen Propheten. Ihre Zeugnisse sind uns in der Bibel überliefert. Solche Zeugnisse erfordern Glauben, nicht Glauben im Sinne eines Für-wahr-haltens, sondern Glauben (im Sinne von Hebr. 11,1) als »eine gewisse Zuversicht des, das man hofft, und ein Nichtzweifeln an dem , das man nicht sieht«.

Es ist gut, hier auf die *Reihenfolge in den beiden Kennzeichnungen des Glaubens* zu achten: Als *erstes* wird *die feste Zuversicht* genannt, d.h. das Vertrauen in die Verheißungen Gottes (in das, das man hofft), und erst als *zweites das Nichtzweifeln* an dem Unsichtbaren (an dem, das man nicht sieht). Menschen, die noch nicht glauben oder meinen, nicht glauben zu können, sind meist auf den umgekehrten Weg aus. Sie wollen erst ihre Zweifel behoben haben, erst einen Beweis für die Existenz und Gerechtigkeit Gottes, ehe es ihnen möglich wäre zu glauben. Die Bibel verweist den Suchenden darauf, zuvor den Zuspruch und das Angebot Gottes zu hören und ihm Vertrauen zu schenken, um dann durch seinen Geist die Gewißheit zu empfangen, daß Gott ist und daß er so ist, wie ihn die Bibel bezeugt: ein liebender *und* ein gerechter Gott.

Aber auch der Glaubende muß wissen, daß er – bevor aus seinem

Glauben ein Schauen wird – die Offenbarung Gottes nur nach und nach und nie in vollem Umfang erkennt. Manche Worte und Aussagen der Bibel sind dunkel für uns und bleiben es auch (1. Kor. 13,12). Aber die Erkenntnis wächst unter der Wirkung des Heiligen Geistes (Joh. 16,13). Sie wächst auch mit der geschichtlichen Erfahrung. Denn auch in ihr wirkt Gottes Geist, wie es besonders in der Geschichte des Volkes Israel deutlich wird. Um tiefere Erkenntnis der Offenbarung Gottes dürfen wir uns bemühen. Paulus betet für die Gemeinden, »daß ihr erfüllt werdet mit Erkenntnis seines Willens in aller geistlichen Weisheit und Einsicht« (Kol. 1,9), und er ermahnt sie: »wachset in der Erkenntnis Gottes« (Kol. 1,11). Dazu darf auch wissenschaftliche Erkenntnis dienen; denn der Verstand, mit dem wir sie gewinnen, ist eine Gabe Gottes. Jedoch bedarf es beim Durchdenken der Ehrfurcht vor der Offenbarung, die Gott gegeben hat, und *ebenso der Achtung vor den Menschen, denen sie gegeben wurde.* Denn sie waren von Gott dazu erwählt, und er hat sie zu rechten Haushaltern über seine Geheimnisse bestimmt.

Das unanschauliche Ineinander

In dieser Haltung gehe ich an die in der Bibel überlieferten Berichte heran und befrage sie nach ihrer Sicht von der Gesamtwirklichkeit, d.h. nach der Sicht, wie sie von der Offenbarung (nicht von der Menge der Zeugen) vermittelt wird. Als »Gesamtwirklichkeit« verstehe ich dabei die beiden Wirklichkeiten, von denen die Bibel spricht, das Sichtbare und das Unsichtbare in dem vorhin beschriebenen Sinne. Die Bezeichnung »Weltbild« ist unzureichend und irreführend, denn die Sicht der Bibel ist überzeitlich und bleibt von jedem Wechsel wissenschaftlicher und ideologischer Weltbilder unberührt. Vor allem ist ihre Sicht, wie es sein muß, unanschaulich und von einem an die diskursive Logik gewohnten Denken nicht zu erfassen.

Die Beziehung, in der die beiden Wirklichkeiten zueinander stehen, erweist sich, wie im nächsten Kapitel durch charakteristische Beispiele belegt werden soll, als ein eigentümliches *Ineinander*. Es geht weder um ein Übereinander wie bei Stockwerken noch um ein Umeinander wie bei Kern und Schale, sondern um ein Ineinander besonderer Art: um *ein gegenseitiges Sichdurchdringen*. Das Unsichtbare durchdringt das Sichtbare in einer unanschaulichen, dem natürlichen Verstand unbegreifbaren, nur im Glauben erfaßbaren Weise.

Um diese Aussage näher zu präzisieren, knüpfe ich an einen Sachverhalt an, der im Grunde genau so unbegreifbar und unanschaulich ist. Er ist uns aber vertrauter, da er das Zentrum des christlichen Glaubens umfaßt. Es ist die Aussage im Glaubensbekenntnis von Chalzedon, in dem 451 unsere Väter im *Glauben* von der Bibel her die Lehre von den zwei Naturen Jesu in Worte gefaßt haben. Vom Heiligen Geist geleitet haben sie die paradox klingende, aber zutreffende Formulierung gewagt, daß *in der einen Person Jesus von Nazareth die wahre Menschheit und die wahre Gottheit »unvermischt, unwandelbar, ungeschieden und ungetrennt« vereinigt* sind. Diese Formulierung spiegelt in vollkommener Parallele das Ineinander von Sichtbarem und Unsichtbarem wider.

Ich folge hier gern dem Theologen H.-H. Schrey*), wenn er sagt, daß ein Dualismus, d.h. ein unverbundenes Nebeneinander von Weltbild und Glauben unzumutbar sei, da »es nicht zu unserem Schicksal gehöre, in zwei Bereichen leben zu müssen, zwischen denen es keine Brücke geben kann«. Weiter meint er, daß wir ebensowenig an die Stelle des Dualismus einen Monismus setzen dürfen, also Weltbild und Glauben zusammenfügen und damit gewaltsam einen Brückenschlag versuchen, weil »solche Syntheseversuche weder der Eigenständigkeit des Denkens noch der des Glaubens gerecht werden«.

Wer noch im alternativen Denken des »entweder-oder« (der diskursiven Logik) befangen ist, wird der Ansicht sein, sich nur zwischen diesen beiden Möglichkeiten eines Dualismus (Auseinanderfallens) von Weltbild und Glauben oder eines Monismus (Zusammenfallens) entscheiden zu können, falls er sich überhaupt entscheiden will. Demgegenüber weist Schrey auf die dritte Möglichkeit hin, auf das in der Physik entwickelte komplementäre Denken, »das allein der Christologie des Credo Chalcedonense mit ihren für die diskursive Logik widerspruchsvollen Aussagen über das Zusammen von

---

* *H.-H. Schrey*, Weltbild und Glaube im 20. Jahrhundert, Göttingen 1956, S. 62f.

Menschheit und Gottheit in der Person Jesu angemessen« sei. Er schreibt*: »Die wahre Gottheit und die wahre Menschheit können nur dann zusammen ausgesagt werden, wenn keiner von beiden etwas abgebrochen wird. Man kann hier von einer komplementären Einheit der beiden Naturen sprechen. Zum Wesen der Komplementarität gehört, daß erst das Zusammen von zwei scheinbar sich widersprechenden Größen das wahre Bild der Wirklichkeit ergibt. Christus ist dann nicht in seiner wahren Bedeutung umschrieben, wenn von ihm nur ausgesagt wird: wahrer Mensch. Er ist aber auch dann nicht in seiner wahren Bedeutung erfaßt, wenn von ihm nur ausgesagt wird: wahrer Gott. Erst im Zusammen der beiden Aussagen wird die Wahrheit Christi sichtbar.«

Ebenso paradox, also unvermischt und ungetrennt, hat man sich *das Ineinander von Sichtbarem und Unsichtbarem* zu denken (mit einem an der Komplementarität geschulten Denken): zwei unterschiedliche Wirklichkeiten und doch nur eine Gesamtwirklichkeit, beide ganz und gar ohne Bezug (unvermischt) und doch völlig miteinander verwoben (ungetrennt), zu unterscheiden, aber nicht zu scheiden, so daß man von da her das Geheimnis der zwei Naturen Jesu beschreiben darf: Jesus war im Sichtbaren ganz und gar Mensch, im Unsichtbaren ganz und gar Gott – und doch nur Einer. Dieses unbegreifbare Geheimnis in der Person Jesus von Nazareth spiegelt das geheimnisvolle Ineinander der beiden Wirklichkeiten, von denen die Bibel spricht, treffend wider. Es wurde wohl erstmals Petrus offenbart, als er bekennen durfte (Luk. 9,20): »Du bist der Christus Gottes!«

Zwei wichtige Konsequenzen

Aus dem Ineinander von Sichtbarem und Unsichtbarem ergeben sich wichtige Konsequenzen für das Verständnis biblischer Aussagen, von denen ich zwei hervorheben möchte. Zum einen sind für Begriffe und Ereignisse in den verschiedenen Wirklichkeiten *verschiedene Ausdrucksweisen notwendig.* Im Sichtbaren kommen wir mit der

---

* *W. Stählin,* a.a.O.

menschlichen Sprache aus. Für das Unsichtbare aber haben wir keine angemessene Ausdrucksweise, weil unsere Sprachen dort nicht angreifen. Auch Jesus, der von dort kam, verwendete Gleichnisse, wenn er vom Unsichtbaren sprach: Das Himmelreich ist gleich einem Senfkorn, einem Sauerteig, einem verborgenen Schatz im Acker, einem Kaufmann, der gute Perlen sucht, einem Menschen, der guten Samen säte, u.a. Er gebrauchte Worte des Sichtbaren, um vom Unsichtbaren gleichnishaft reden zu können. Ebenso benutzte er Gleichnisworte, wenn er von sich selbst als dem Sohn Gottes sprach: Ich bin die Tür, der Weg, das lebendige Wasser, das Brot vom Himmel, der gute Hirte u.a.

Man denke auch an ein Erlebnis, das Paulus widerfuhr (2. Kor. 12,2ff.): Er sei entrückt worden bis in den dritten Himmel, bis ins Paradies (d.h. ins Unsichtbare) und habe dort unaussprechliche Worte gehört, die ein Mensch nicht sagen darf, d.h. Worte, die auszusprechen einem Menschen nicht zusteht! Das ist es: Wo Gott von den himmlischen Heerscharen angebetet wird, wo Jesus als der Auferstandene und Erhöhte ein unvergängliches Reich empfangen hat, wird eine besondere Sprache gesprochen. Deren Worte sind uns hier nicht erlaubt, weil wir Sünder, wenn auch begnadigte Sünder sind. Erst drüben, wenn wir im Kleid der Gerechtigkeit bei Ihm sind, dürfen wir mit solchen Worten einstimmen in den Lobpreis zur Ehre Gottes. Und weil uns im irdischen Leben die angemessenen Worte für das Unsichtbare abgehen, brauchen wir Ersatz. Deshalb gebraucht Jesus Gleichnisworte, Gleichniserzählungen und Gleichnishandlungen.

Allgemein gilt: Um von der unsichtbaren Wirklichkeit im Sichtbaren in rechter Weise reden zu können, bedarf es der bildhaften Denkform und Sprache. Diese begegnen uns in der Bibel in der wahren und eigentlichen Form. Sobald man aber meint, es gäbe keine andere Wirklichkeit außer der sichtbaren, der Welt des Menschen, wird die bildhafte Rede inhaltslos, werden die großen Taten Gottes zu Fabeln, zu Legenden ohne wirkliche Ereignisse. Beginnt man dann, die Bibel zu »entmythologisieren«, so *nimmt man dem Menschen die Möglichkeit, diese seine Welt richtig zu verstehen.* W. Stählin sagt: »Indem die Wissenschaft uns denjenigen Teil der Welt, der der rationalen Forschung zugänglich ist, als die ganze Wirklichkeit vortäuscht, betrügt sie uns um die ganze Wahrheit. Und indem der Mythos uns in seinen Bildern die Fülle jener Wirklichkeit vor Augen stellt, in die wir selber verflochten sind, weitet er unseren Blick über die Grenzen der ratio hinaus auf die größere und umfassendere Wirklichkeit«*. Damit weist auch Stählin auf die Gesamtwirklichkeit aus Sichtbarem und Unsichtbarem hin.

Zum anderen hat man zu beachten: *Jedes Geschehen ereignet sich in beiden Wirklichkeiten zugleich*. Weil beide sich durchdringen, läßt jeder Vorgang zwei Aspekte zu. Im Sichtbaren, wo es Materie, Raum und Zeit gibt, erweist er sich als Ablauf in Raum und Zeit, also als ein Werden, ein Sich-entwickeln, als *Evolution*. Im Unsichtbaren aber, wo es Raum und Zeit unserer Erfahrung nicht gibt, weil dort keine Materie ist, sondern Pneuma, hat derselbe Vorgang einen zeitlosen Charakter, ist ein zeitloses Setzen Gottes, ein *Schaffen*. Diese doppelte Sicht ist beim Durchdenken biblischer Berichte entscheidend. Es geht stets um einen Ablauf, um ein Werden in Raum und Zeit, *und zugleich* um ein Gesetztsein, um ein Handeln Gottes, frei von Raum und Zeit. Das gilt besonders für den Schöpfungsbericht, der mit den Worten schließt (1. Mos. 2,4a): »Also sind Himmel und Erde geworden, als sie geschaffen wurden.« Geworden *und* geschaffen – beides trifft zu; beides gilt auch für den Menschen. Es geht nicht um ein »entweder – oder«. Ferner gilt es für die Wunderberichte. Sie beschreiben Abläufe im Naturgeschehen, in Raum und Zeit, und sind zugleich Zeichen für ein Handeln Gottes aus dem Unsichtbaren in das Sichtbare hinein durch sein Wort.

Das Ineinander der beiden Wirklichkeiten bedingt auch, daß jeder Mensch – ob er es weiß und wahrhaben will oder nicht – zugleich im Sichtbaren und im Unsichtbaren lebt. Ein Glaubender wird aus seiner Glaubenserfahrung etwas davon erahnen. Ebenso jemand, der abergläubischen Vorstellungen anhängt oder magischen Praktiken nachgeht oder gar mit ›Geistern‹ Verbindung aufzunehmen versucht. Auch die wissenschaftlichen Untersuchungen der Parapsychologie stoßen auf Phänomene, die als Auswirkungen des Unsichtbaren ver-

---

*   W. *Stählin*, Das Bekenntnis der Kirche, Evang. Verlagsanstalt, Berlin 1954.

standen werden können. Wer sich jedoch ganz der ratio verpflichtet fühlt, weiß nur vom Sichtbaren und sieht darin das Ganze der Wirklichkeit. *Erst mit dem befreienden Glauben an Jesus*, erst mit der Erweckung des »inwendigen Menschen« in uns (Röm. 7,22; Eph. 3,16) *wird dem Glaubenden das Wissen um die Geborgenheit geschenkt, die er mitten im Sichtbaren vom Unsichtbaren her empfängt.* Er erfährt die Wahrheit der Schriftworte: »Ich gehe oder liege, so bist du um mich . . . Von allen Seiten umgibst du mich und hältst deine Hand über mir« (Psalm 139,3.5). »Wo zwei oder drei versammelt sind in meinem Namen, da bin ich mitten unter ihnen« (Matth. 18,20). »Siehe, ich bin bei euch alle Tage bis an der Welt Ende« (Matth. 28,20). »Wer in mir bleibt und ich in ihm, der bringt viel Frucht« (Joh. 15,5). So lauten Zuspruch und Verheißung Jesu an die Gläubigen. Und es ist immer das uns überall umgebende Unsichtbare, von dem Geborgenheit ausstrahlt und von dem aus Jesus die Zusage erfüllt, daß *er als der Unsichtbare um uns und bei uns oder in uns ist und wir in ihm sind.*

Kapitel 3: **Augen, die sehen – Ohren, die hören**

Beispiele aus dem Alten Testament

Das unanschauliche, paradoxe, schwer zu fassende Sichdurchdringen von Sichtbarem und Unsichtbarem, als eigentliche Sicht der Bibel von der Wirklichkeit um uns soll noch an einigen markanten Beispielen aus dem Alten und dem Neuen Testament belegt werden.

Ich beginne mit dem *Schöpfungsbericht*. Im ersten Vers der Bibel – am Anfang schuf Gott die Himmel und die Erde – ist mit den »Himmeln« gewiß nicht die Welt Gottes, das Unsichtbare, gemeint. Denn dieses ist nicht geschaffen, sondern ewig (2. Kor. 4,18), wie Gott selbst ewig und nicht geschaffen ist. Der ewige Bestand, der einst dem Sichtbaren, der Welt, zugeschrieben wurde, trifft für das Unsichtbare zu, nicht für die Schöpfung, das Sichtbare. Denn dieses ist zeitlich, d.h. hat Anfang und Ende. Dieser Anfang ist es, auf den der erste Vers hinweist. Mit den »Himmeln« sind wohl die zahllosen Galaxien im Weltall gemeint, deren eine unsere eigene Milchstraße ist. Nur *ihre* Gestirne sind es, die wir von der Erde aus mit dem bloßen Auge erkennen und als den »gestirnten Himmel über uns« (englisch: sky) ansehen. So darf man die anderen Galaxien ebenfalls als geschaffene »Himmel« bezeichnen, die nach Jesu Wort (Mark. 13,31) einmal vergehen werden. Selbstverständlich kommt in der Bibel auch das Wort Himmel (englisch: heaven) als Ausdruck für das Unsichtbare vor. Das kann man jeweils dem Zusammenhang entnehmen, z.B. wenn die Bibel vom Himmelreich oder von Himmelfahrt spricht.

Wichtig ist nun, daß wir aus dem biblischen Schöpfungsbericht heraushören: *In die schon immer vorhandene Welt Gottes, das Unsichtbare, in dem Gott selbst und auch alle Wesen des Unsichtbaren zu denken sind, setzt Gott durch sein schöpferisches »Es werde« das Sichtbare hinein, ohne einen Raum dafür auszusparen.* Dadurch schafft er das unanschauliche Ineinander von seiner und der Menschen Welt. So kann er verborgen bleiben und doch den Menschen nahe sein (Jes. 57,15). Das Unsichtbare ist zweifellos umfassender als das Sichtbare, denn es heißt: »der Himmel und aller Himmel Himmel können dich (Gott) nicht fassen« (1. Kön. 8,27). Man kann sich also dieses in jenes »eingebettet« denken. Aber jeder Versuch, sich das Unanschauliche irgendwie vorzustellen, ist vergeblich. Nur gleichnishaft kann davon gesprochen werden. Das ist im folgenden stets zu beachten.

Zum Schöpfungsbericht gehört auch der *Bericht vom Paradies*. Durch das Einblasen des Odems Gottes erhielt der Mensch das ihm von Gott zugedachte *geistliche Leben*, d.h. die ungetrübte Gemeinschaft mit Gott – davon war bereits in der Einleitung die Rede, und in Kapitel 9 komme ich noch einmal darauf zurück – und dadurch *geöffnete Augen und Ohren für das Unsichtbare*. Er sah Gott, hörte ihn, sprach zu ihm, bekam von ihm den Auftrag, den Garten zu bebauen und zu bewahren, d.h. Mitstreiter Gottes gegen den Bösen zu sein. Er lebte mit seinem Weibe frei auf der Erde und in gleicher Weise frei im Unsichtbaren. Sie hatten Zugang zum Baum des Lebens. An allem ließ Gott sie teilhaben. Auch daß dieses kostbare Geschenk der ungetrübten Gemeinschaft mit Gott bedroht und von ihnen zu bewahren war, wußten sie. Dennoch versagten sie. Mit dem Ungehorsam gegen Gottes Gebot ging alles verloren. Die ungetrübte Gemeinschaft, die geöffneten Augen, Ohren und Sinne wurden genommen, der Weg zurück versperrt. *So endete ihr geistliches Leben mit dem geistlichen Tod*, wie es Gott für das Übertreten des Gebots angekündigt hatte. Der Sünde Sold ist Tod (Röm. 6,23). Von da an erfaßten ihre Augen und Ohren nur das Sichtbare, und seitdem haben *alle Menschen nur Erkenntnisfähigkeit für das Sichtbare*. Das Unsichtbare, in dem sie jederzeit und überall sind, bleibt ihrem natürlichen Wesen und Wollen verschlossen. Wiederherstellung der guten Gemeinschaft mit Gott ist möglich, jedoch nur durch Buße, nur über Jesus und nur im Glauben, nicht im Schauen (2. Kor. 5,7), aber mit der Verheißung (Off. 2,7): »Wer überwindet, dem will ich zu essen geben von dem Baum des Lebens, der im Paradiese Gottes ist.«

Gott hat auch nicht aufgehört, zu und mit den Menschen zu reden (Hebr. 1,1) und uns Weisungen zu geben. Aber nicht jeder hört ihn. Sein Wort ist zugleich nah und fern (5. Mos. 30,11 bis 14): »Das Gebot, das ich dir heute gebiete, ist dir nicht zu hoch und nicht zu fern.

Es ist nicht im Himmel, das du sagen müßtest: Wer will für uns in den Himmel fahren und es uns holen, daß wir's hören und tun? Es ist auch nicht jenseits des Meeres, daß du sagen müßtest: Wer will für uns über das Meer fahren und es uns holen, daß wir's hören und tun? Denn es ist das Wort ganz nahe bei dir, in deinem Munde und in deinem Herzen, daß du es tust.« Damit bringt die Bibel in ihrer bildhaften Sprache nur zum Ausdruck, daß Gottes Welt, das Unsichtbare, uns bis ins Innerste durchdringt.

In 2. Kön. 6,15ff. wird von dem *Propheten Elisa* berichtet, der mit seinem Diener in der Stadt Dothan eingeschlossen ist. Der Diener bangt um sein Leben, aber Elisa beruhigt ihn mit den Worten: »Fürchte dich nicht, denn derer sind mehr, die bei uns sind, als derer, die bei ihnen sind.« Der Diener jedoch sieht nichts und kann seinem Herrn nicht glauben. Da betet Elisa: »Herr, öffne ihm die Augen, daß er sehe!« Und Gott erhört das Gebet. Er öffnet dem Diener die Augen, und »der sah, und siehe, da war der Berg voll feuriger Rosse und Wagen um Elisa her«. Was war geschehen? Nichts anderes, als daß das Sichtbare für die Augen des Dieners sozusagen ›durchsichtig‹, transparent wurde. Er schaut mit »geöffneten Augen« durch das Sichtbare in das Unsichtbare hinein und sieht die himmlischen Heerscharen – vom Licht, das dort herrscht, überstrahlt – als feurige Rosse und Wagen.

In Jes. 6 berichtet der *Prophet Jesaja* von seiner Berufung. Auch ihm werden geöffnete Augen und eine überwältigende Schau in das Unsichtbare geschenkt. Ähnliches widerfuhr dem Propheten *Hesekiel* bei seiner Berufung (Hes. 1 und 2). Man spürt es ihren Berichten ab, wie unfaßbar das ist, was sie schauen dürfen, und wie sie nur mit unzureichenden Worten und Bildern das Geschaute beschreiben können.

In Dan 3,19ff. wird geschildert, wie *drei jüdische Männer* auf Befehl des Königs Nebukadnezar *in einen glühenden Ofen* (eine Art Hochofen zum Schmelzen von Eisenerz) geworfen werden, weil sie das goldene Standbild nicht anbeten wollten, das der König hatte errichten lassen. Nebukadnezar überwacht persönlich die Exekution und erschrickt aufs heftigste, als er *vier* Männer frei und unversehrt im Feuer umhergehen sieht. Und der vierte sah aus »wie ein Sohn der

Götter«. Hier hat Gott sogar dem Heiden Nebukadnezar geöffnete Augen für das Unsichtbare geschenkt, so daß er schauen mußte, wie Gott die drei auf ihn vertrauenden Männer aus dem Sichtbaren in das Unsichtbare hineingenommen und ihnen einen Engel zur Seite gegeben hat. Als der König Weisung erteilt, die Männer herauszulassen, hat man nicht einmal Brandgeruch an ihnen wahrgenommen. So vollständig waren sie dem Sichtbaren entnommen!

Beispiele aus dem Neuen Testament

In Luk. 2,8ff. wird von der *Verkündigung der Geburt Jesu* an die Hirten berichtet, die des Nachts ihre Herden hüten. »Und siehe, des Herrn Engel trat zu ihnen, und die Klarheit des Herrn umleuchtete sie; und sie fürchteten sich sehr.« Mit seinem hellen Glanz bricht das Unsichtbare in das Sichtbare ein, und des Herrn Engel tritt aus dem Unsichtbaren zu den Hirten. Ihm folgen viele weitere Engel: »Und alsbald war da bei dem Engel die Menge der himmlischen Heerscharen.« Hier geschieht es, daß die Hirten mit ihren natürlichen Augen die Engel sehen, die als Boten Gottes aus dem Unsichtbaren zu ihnen in das Sichtbare treten. Ebenso erging es Maria, als der Engel Gabriel zu ihr in ihr Zimmer trat (Luk. 1,28), um ihr die Geburt ihres Sohnes Jesus anzukündigen.

In Luk. 9,28ff. wird die *Verklärung Jesu* geschildert. Drei seiner Jünger erleben, wie Jesu Gesichtsausdruck, während er betet, sich verändert und seine Kleidung weiß und glänzend wird. Sie sehen, wie zwei Männer, Mose und Elia, in gleicher Weise verklärt erscheinen und mit Jesus reden. Auch hier dringt überirdisches Licht aus dem Unsichtbaren ins Sichtbare und überstrahlt Jesus. Mose und Elia treten als Boten Gottes aus dem Unsichtbaren in das Sichtbare, ebenfalls überstrahlt von dem »unerschaffenen Lichte«. Die Begleiter Jesu dürfen das alles schauen! Ganz verwirrt – er wußte nicht, was er redete – schlägt Petrus vor, dazubleiben und Hütten zu errichten. Da aber überschattet sie eine Wolke, aus der Gott, der Vater, zu ihnen redet und sie an den Sohn verweist, und »sie sahen niemand als Jesus allein«. Einen Blick auf die Herrlichkeit des Unsichtbaren durften sie tun, aber sie festzuhalten, war ihnen nicht gewährt.

Manchmal als Parallele dazu verstanden, wird in Joh. 12,28ff. von einer Weisung Gottes an Jesus berichtet, sogar vor vielen Zuhörern. Jesus betet: »Vater, verherrliche deinen Namen!« Als die Stimme vom Himmel es zusagt, heißt es: »Da sprach das Volk, das dabei stand und zuhörte: Es donnerte. Die anderen sprachen: Es redete ein Engel mit ihm.« Hier geht es nicht um geöffnete Augen, sondern um geöffnete Ohren, und, was besonders zu beachten ist, um unterschiedlich geöffnete Ohren! Das Volk, das dabei stand, hörte nur ein starkes Geräusch und legte es als Donner aus. Andere, offenbar mit den Jüngern solche, die an Jesus glaubten, hörten so viel, daß sie meinen, ein Engel habe geredet. Jesus allein hat den Vorgang voll wahrgenommen, die Stimme des Vaters und den Inhalt der Botschaft.

Auch der Bericht über die *Steinigung des Stephanus* (Apg. 7,54 ff.) liefert ein eindrucksvolles Beispiel für das Ineinander der beiden Wirklichkeiten. Im Bezeugen sieht er, vom heiligen Geist erfüllt, »den Himmel offen und des Menschen Sohn zur Rechten Gottes stehen«. Ganz nahe über sich erblickt er Jesus, der sich erhoben hat, um ihm, dem ersten Märtyrer der Christenheit, entgegenzugehen und ihn heimzuholen in das ewige Leben. Geöffnete Augen für das Unsichtbare und Erfüllung der Zusage Jesu (Joh. 17,24): »Vater, ich will, daß, wo ich bin, auch die bei mir seien, die du mir gegeben hast.« Für Stephanus hat sich damit diese Verheißung Jesu erfüllt.

Sichtbarmachungen besonderer Art

Geöffnete Augen für das Unsichtbare oder das Heraustreten von Boten Gottes aus dem Unsichtbaren in das Sichtbare, was mit natürlichen Augen wahrgenommen werden kann, wie bei der Ankündigung der Geburt Jesu an Maria oder vor den Hirten, sind zwei grundverschiedene Gaben Gottes, durch die er Menschen etwas vom Unsichtbaren erfahren läßt. Immer geht es dabei um Wesen des Lichts, die im Unsichtbaren einen völlig andersartigen (pneumatischen, d.h. geistlichen) Leib haben als bei ihrem Erscheinen im Sichtbaren. Von diesem Sichöffnen des Unsichtbaren, wie es sich beim Erscheinen von Engeln oder anderen Boten Gottes ereignet, komme ich jetzt zu dem wichtigsten Geschehen dieser Art, zu den *Erscheinungen des Aufer-*

standenen. Seine Andersartigkeit wird besonders deutlich an der Art, wie er nach seiner Auferstehung den Frauen und den Jüngern und später vor Damaskus dem Saulus erschien. Diesem wird Jesus ganz kurz im Glanz seines Herrlichkeitsleibes sichtbar, den er im Unsichtbaren hat: »Und als er (Saulus) nahe an Damaskus kam, umleuchtete ihn plötzlich ein Licht vom Himmel« (Apg. 9,3). Als Paulus einige Jahre später davon berichtet, sagt er: »Es umleuchtete mich plötzlich um den Mittag ein großes Licht vom Himmel« (Apg. 22,6). »Mitten am Tage sah ich auf dem Wege ein Licht vom Himmel, heller als der Sonne Glanz, das mich und die mit mir reisten umleuchtete« (Apg. 26,13). Die Folge dieser gewaltigen Lichtfülle war, daß Saulus zu Boden stürzte und blind wurde; erst nach drei Tagen des Gebets wurde er durch Ananias davon geheilt (Apg. 9,8–19). Gott schauen durfte er nicht. Wer Gott sieht, muß sterben.

Die Begleiter des Saulus sahen niemand (Apg. 9,7); einige sahen ein Licht, andere hörten eine Stimme, einige fielen nieder, andere standen erstarrt (Apg. 9,7; 22,9; 26,14). So unterschiedlich war die Offenbarung aus dem Unsichtbaren bei diesem Ereignis, ähnlich unterschiedlich wie bei der Offenbarung, die Joh. 12,27ff. geschildert wird. Nur Saulus empfing die Fülle der Offenbarung an Erscheinung, Worten und Berufung. Die Begleiter konnten das Geschehen nur eingeschränkt wahrnehmen.

Den biblischen Berichten ist zu entnehmen, daß Jesus den Frauen und Jüngern in anderer Weise als Auferstandener erschien, nicht mit dem für Menschen unertragbaren Herrlichkeitsleib (mit dem er z.B. als der Unsichtbare gegenwärtig ist, wo zwei oder drei in seinem Namen versammelt sind), sondern mit einem Leib aus Fleisch und Bein, d.h. aus Materie. Er weist selbst seine Jünger darauf hin, als sie bei seinem Erscheinen aufs heftigste erschrecken und meinen, einen Geist zu sehen (Luk. 24,39): »Fühlet mich an und sehet; denn ein Geist hat nicht Fleisch und Bein, wie ihr sehet, daß ich habe.« Wäre Jesus ihnen in seinem Auferstehungsleib erschienen (dem Herrlichkeitsleib, den Saulus ganz kurz erlebte), so wären sie wie dieser erblindet und zu nichts fähig gewesen – es sei denn, Jesus hätte ihnen jemand senden können wie Ananias, der sie in seinem Auftrag geheilt hätte. Nie hätten sie seine sichtbare Gegenwart ertragen, nie hätte er ihnen die Schriften auslegen können. Darauf aber kam es Jesus an. *Jetzt erst*, in den vierzig Tagen zwischen Auferstehung und Himmelfahrt Jesu, als er den Jüngern die Schriften öffnete, *lernten sie verstehen, was sie früher nicht verstanden hatten*. Jetzt erst ging ihnen auf, was es um Jesus von Nazareth und sein Kommen gewesen war, was sein Leiden und sein Sterben am Kreuz bedeuteten. Jetzt erst erhielten sie die eigentliche Zurüstung für ihren Dienst an Menschen und Völkern, zu denen Jesus sie senden wollte. Deshalb war es notwendig, daß er ihnen in einer Weise erschien, daß sie seine Gottheit ertragen und intensiv mit ihm zusammen sein konnten.

Bei solchen Erscheinungen, wie auch bei denen von Engeln oder anderen Boten Gottes an die Menschen, geht es um *Sichtbarmachungen im eigentlichen Sinne des Wortes*. In 1. Kor. 15,5–8 bezeugt Paulus, daß der Auferstandene von vielen gesehen worden ist. Im griechischen Grundtext steht für »gesehen« das Wort *oophthä*; das bedeutet, wörtlich übersetzt: er wurde sichtbar gemacht. Und »sichtbar gemacht« meint »zu Materie geworden«. Der unsichtbare geistliche Leib des Auferstandenen wird in sichtbare und fühlbare Materie, in Fleisch und Bein verwandelt – entsprechend zur Verwandlung der Leiber derer, die bei der Wiederkunft Jesu noch leben und im Nu einen geistlichen, verklärten und unverweslichen Leib »anziehen« werden (1. Kor. 15,51–54). So wurde – nur in umgekehrter Richtung – Jesu geistlicher Herrlichkeitsleib in einen aus Fleisch und Bein verwandelt. Das geschah bei jedem Erscheinen neu und in anderer Gestalt, wie es in Mark. 16,12 bezeugt wird: »Danach offenbarte er sich unter einer anderen Gestalt zweien von ihnen unterwegs, da sie über Land gingen.« Dies bezieht sich auf die Jünger, die nach Emmaus gingen und dem Auferstandenen begegneten (Luk. 24,15ff.), ohne ihn zu erkennen, und von deren Begegnung abschließend berichtet wird: »Da wurden ihre Augen geöffnet, und sie erkannten ihn. Und er verschwand vor ihnen« (Luk. 24,31). Wohin? Zurück in das Unsichtbare, aus dem er zuvor gekommen war. Ebenso zeigt das unterschiedliche Verhalten Jesu gegenüber Maria Magdalena, die ihn nicht anrühren durfte, und gegenüber dem Zweifler Thomas, dem zuliebe er mit den Wundmalen erschien, damit sie betastet werden konnten, und gegenüber den Jüngern am See Tiberias, die nicht zu fragen wagten, wer er sei (obwohl sie es wußten), alles dies zeigt, daß seine Erscheinungsweise als Auferstandener immer wieder anders war. Unser Gott ist ein reicher Gott und unbegreiflich seine Werke. Er hat unzählige Möglichkeiten der Sichtbarmachung (1. Kor. 15,38ff.).

Himmelfahrt und Wiederkunft

Die Himmelfahrt Jesu ist über viele Jahrhunderte hinweg, in unmittelbarer Anlehnung an das naive Weltbild der frühen Christenheit, als ein Auffahren durch den Weltraum verstanden und geglaubt worden. Mit dem Wegfall des Weltbilds war dieser Glaube für viele Christen nicht mehr vollziehbar. Wie anders aber ist der Vorgang zu verstehen, wenn man bereit ist, die eigentliche Wirklichkeitsschau der Bibel, das Ineinander von Sichtbarem und Unsichtbarem, zugrundezulegen. Dann erkennt man, daß die Himmelfahrt Jesu wie die des Elia biblisch als eine *Entrückung in das Unsichtbare* verstanden werden darf. Der Unterschied der Entrückung Jesu gegenüber den Entrückungen, von denen die Bibel sonst berichtet – der des Henoch (1. Mos. 5,24), der des Elia (2. Kön. 2,11) und der noch bevorstehenden Entrückung der Brautgemeinde (1. Thess. 4,17) – liegt nur darin, *daß Jesus dabei der Handelnde ist*. Die anderen Entrückungen geschehen an den Betroffenen ohne deren Zutun, während Jesus seine Entrückung – wie alles auf seinem irdischen Lebens- und Leidensweg – nicht nur erleidet, sondern bestimmend gestaltet. Denn er *geht*, wie es der Grundtext ausdrückt, in das Unsichtbare hinüber (Apg. 1,11).

Viele Male war Jesus in den Tagen zuvor seinen Jüngern erschienen, aus dem Unsichtbaren in das Sichtbare kommend und dabei – anders als bei seiner Zeugung und Geburt, aber ebenso durch ein Wunder des allmächtigen Gottes – eine ›Fleischwerdung‹ erfahrend und vollziehend. Im Unsichtbaren geht er als der Unsichtbare in den Raum, in dem die Jünger zusammen sind (das Unsichtbare durchdringt diesen Raum, so daß verschlossene Türen für Jesus kein Hindernis sind, Joh. 20,19), wird unter ihnen plötzlich sichtbar, so daß sie sehr erschrecken, spricht mit ihnen und verschwindet ebenso plötzlich, wieder zurück in das Unsichtbare gehend. Um nun die Jünger wissen zu lassen, daß die Periode solchen Erscheinens abgeschlossen und damit seine Ankündigung aus den Abschiedsreden erfüllt wird (Joh. 16,7), läßt Jesus sie Zeugen seiner Entrückung werden. Von dieser heißt es im griechischen Grundtext: »Dieser Jesus, der von euch aufgenommen ist in den Himmel, wird so kommen, wie ihr ihn habt in den Himmel gehen sehen« (Apg. 1,11). Das hier benutzte griechische Wort *poreuomai* für ›gehen‹ meint ein Gehen zu einem Ziel. Dieses Ziel ist aus der Prophetie des Alten Testaments bekannt. In Dan. 7,13–14 heißt es: »Siehe, es kam einer mit den Wolken des Himmels wie eines Menschen Sohn und gelangte zu dem, der uralt war, und wurde vor ihn gebracht. Der gab ihm Macht, Ehre und Reich, daß ihm alle Völker dienen sollten . . .« Hier hat Daniel prophetisch vorausgesehen, was die Wolke den Jüngern verbarg (Apg. 1,9): den Weg Jesu im Unsichtbaren zum Thron des Vaters und seine Erhöhung zur Rechten des Vaters.

Wenn *Jesus wiederkommen wird zum Gericht*, so daß »ihn sehen werden alle Augen und alle, die ihn durchbohrt haben« (Off. 1,7) und »sich beugen aller derer Knie, die im Himmel und auf Erden und unter der Erde sind, und alle Zungen bekennen, daß Jesus Christus der Herr sei, zur Ehre Gottes des Vaters« (Phil. 2,10–11), dann wird das Sichtbare transparent werden für *alle* Menschen, *aller* Augen werden geöffnet werden und werden hineinschauen müssen in das Unsichtbare, und sie werden Jesus sehen in seiner Herrlichkeit und vor ihm niederfallen und ihn bekennen als den einen, der Herr ist über alle und alles. Dann wird das Sichtbare vergehen, und nur das Unsichtbare wird sein – wie es einst war vor Erschaffung der Welt. Und die zu Jesus gehören, werden ihn sehen, wie er wirklich ist, und werden ewig bei ihm sein im Unsichtbaren, das dann nicht mehr unsichtbar, sondern ihre Heimat ist.

Diesen Ausführungen muß als wesentliche Ergänzung der Hinweis angefügt werden, daß bei den als Beispielen gewählten biblischen Berichten jeweils nur der *eine* Aspekt des Sichdurchdringens von Sichtbarem und Unsichtbarem herausgestellt wurde. Selbstverständlich *hat dieser Aspekt gegenüber der inhaltlichen Bedeutung der Berichte völlig zurückzutreten.* Er stellt nur den Hintergrund des Geschehens dar. Bei der Auslegung und Verkündigung steht die inhaltliche Bedeutung des Bibeltextes als das Eigentliche im Vordergrund.

Kapitel 4: **Gliederung des Unsichtbaren**

Gottes Sein und Wirklichkeit

Bisher war vom Unsichtbaren nur als Ganzem die Rede, als Gegensatz zum Sichtbaren, und vor allem von der biblischen Schau des Ineinanders, des gegenseitigen Sichdurchdringens beider Wirklichkeiten. Es lag mir daran aufzuzeigen, daß es bei dem Unsichtbaren nicht um eine mythische oder gar mythologische Redeweise geht, sondern um eine entscheidende Realität, von der nur nicht anders als bildhaft (mythisch im Sinne von W. Stählin) gesprochen werden kann. Im Grunde kann nicht ernst genug betont werden, daß das Unsichtbare *die* wahre, *die* eigentliche Realität ist, von der das Sichtbare (und damit auch der Mensch) erst Existenz und Struktur erhalten hat: »Durch Glauben erkennen wir, daß die Welten durch Gottes Wort gestaltet sind, damit das Sichtbare nicht aus Wahrnehmbaren hervorgegangen sei« (Hebr. 11,3). Zu beachten aber ist, daß Gott, der Schöpfer, nicht mit dem Unsichtbaren in eins gesetzt werden darf. Die Bibel unterscheidet sehr genau *das* Unsichtbare und *den* Unsichtbaren.

Auch wenn ich gleichbedeutend für das Unsichtbare die Worte *unsichtbare Wirklichkeit, Gottes Welt, Gottes Wirklichkeit* benutzt habe, geht es mir mit alledem stets um *die* (räumlich ausgedehnte) *Wirklichkeit, in der Gott lebt*, der Ewige und Allmächtige. Die Tatsache, daß das Unsichtbare das Sichtbare überall durchdringt, bezeugt zwar Gottes Allgegenwart, besagt aber nicht, daß Gott und das Unsichtbare übereinstimmen. Und wenn sich das Unsichtbare für Menschen im Sichtbaren öffnet, so erweist sich dabei Gottes Macht und Herrlichkeit in mannigfacher Weise; aber er selbst bleibt ungesehen und unzugänglich. So muß es sein, denn Gott »wohnt in einem Lichte, da niemand zukommen kann« (1. Tim. 6,16).

Gottes Sein und Wirken ist im Grunde unvorstellbar und unbegreiflich. Und doch hat er sich Menschen kundgetan, und Menschen, vom heiligen Geist getrieben, haben die großen Taten Gottes verkündet. Davon spricht die Bibel, und sie allein ist die Grundlage für ein angemessenes Reden von Gott. Daß dennoch Mißverständnisse entstehen können, liegt an der menschlichen Unzulänglichkeit. Es sei daher noch einmal hervorgehoben: Wenn ich von Gottes Wirklichkeit spreche, so meine ich damit nicht Gottes Sein und Wirken, sondern nur die Wirklichkeit, in der er lebt. Und in allem, was ich ausführe, bemühe ich mich um eine Auslegung biblischer Aussagen, die vor meinem Herrn Jesus Christus bestehen kann. Da ich mich dabei sicher nicht in allem verständlich genug ausdrücke, bitte ich für jedes Mißverständnis um Vergebung.

In diesem Sinne wage ich jetzt, von einer Gliederung des Unsichtbaren zu reden und die wenigen strukturellen Angaben, die die Bibel vom Unsichtbaren macht, zu einer Schau zusammenzufassen. Das kann nur mit großer Behutsamkeit geschehen und nur in groben Umrissen. Und bei der ganzen Darlegung muß beachtet werden, daß *die angegebene Gliederung nur ein Abbild, nur ein Modell* darstellt, *nicht die Wirklichkeit des Unsichtbaren selbst.* Denn dieses ist und bleibt für uns unanschaulich. Die Bibel gibt uns aber Hinweise, die wir aufgreifen dürfen. Doch ist, was ich hier ausführe, meine persönliche, theologisch nicht abgesicherte Deutung biblischer Aussagen, wie auch die Beispiele im vorangehenden Kapitel grundsätzlich auf eigener Auslegung beruhen.

Himmel und Hölle

In Matth. 4,1–11 wird von der Versuchung Jesu berichtet. Der Geist (Gottes) führt ihn in die Wüste, auf daß er vom Teufel versucht würde. Das tut der Versucher mit viel List und Geschick. Doch vor der Hoheit Jesu kann er nicht bestehen und gibt sein Vorhaben auf. Zum Abschluß heißt es: »Da verließ ihn der Teufel. Und siehe, da traten die Engel zu ihm und dienten ihm.« Dieser Bericht zeigt, daß der Teufel wie auch die Engel aus dem Unsichtbaren in das Sichtbare treten und dorthin zurückgehen. *Den Widersacher Gottes und die Boten Gottes birgt das Unsichtbare in gleicher Weise!*

Weiter entnehmen wir dem apostolischen Glaubensbekenntnis die Aussagen, Jesus sei »niedergefahren zur Hölle« und »aufgefahren gen Himmel«. Das Bekenntnis unterscheidet also, mit biblischer Begründung, die beiden Bereiche »Himmel« und »Hölle«. Dabei hat man aber zu beachten, daß die Bezeichnung »Hölle« aufgrund einer nicht richtigen Übersetzung im Luthertext der Bibel in das Glaubensbekenntnis hineingekommen ist. Die neue Fassung des Bekenntnisses, die von der römisch-katholischen und der evangelischen Kirche gemeinsam erarbeitet und angenommen ist, sagt richtiger: »hinabgestiegen in das Reich des Todes« und »aufgefahren in den Himmel«. Es ist im Hebräischen (Altes Testament) zwischen *Scheol* (Totenreich) und *Gehenna* (Hölle), im Griechischen (Neues Testament) zwischen *Hades* (Totenreich) und *Geenna* (Hölle) zu unterscheiden. Luther hat im allgemeinen beides mit ›Hölle‹ wiedergegeben. Wie aber die Sprachen zeigen, weiß die Bibel von beiden Bezirken, vom Totenreich und von der Hölle. Beide gehören zum Unsichtbaren, da sie sich der wissenschaftlichen Forschung entziehen.

Um die mit manchem Mißverständnis belasteten Worte Himmel und Hölle zu vermeiden, wähle ich stattdessen die Bezeichnungen »Reich des Lichts« und »Reich der Finsternis«. Dabei verstehe ich »Licht« und »Finsternis« ohne nähere Erklärung im Sinne des Wortes Jesu (Joh. 8,12): »Ich bin das Licht der Welt. Wer mir nachfolgt, wird nicht wandeln in der Finsternis, sondern wird das Licht des Lebens haben.« Mit dieser Unterscheidung in »Reich des Lichts« und »Reich der Finsternis« ist eine erste Gliederung des Unsichtbaren gegeben, und man sieht, daß die Beispiele des vorangehenden Kapitels nur von Wechselwirkungen zwischen dem Sichtbaren und dem Reich des Lichts im Unsichtbaren berichteten. Erst im Bericht von der Versuchung Jesu kommen beide Bezirke des Unsichtbaren zur Geltung.

Deutlicher tritt das hervor in der Erzählung Jesu vom *reichen Mann und armen Lazarus* (Luk. 16,19ff.): Die Seele des Armen wurde nach seinem Tod von Engeln in »Abrahams Schoß« (zum Reich des Lichts gehörend) getragen. Der Reiche kam, als er starb, an den Ort der Qual, in das Totenreich (zum Reich der Finsternis gehörend); der Grundtext hat das Wort *Hades* (Totenreich). Entscheidend ist die große Kluft zwischen beiden Bezirken, über die keiner hinüber kann. Beider Männer Seelen können sich sehen, können empfinden und miteinander reden, aber ein Zueinander ist nicht möglich. Mit dieser Erzählung, die kein Gleichnis sein soll, sondern Verkündigungs- und Offenbarungscharakter hat, läßt uns Jesus einen Blick in die »andere Welt« tun, d.h. er offenbart uns etwas über ein »Leben nach dem Tod«. Wir erfahren, daß das menschliche Leben mit dem Tode nicht aufhört, sondern in anderer Form und an anderem Ort weitergeht, ferner, daß der andere Ort davon abhängt, ob wir bei Lebzeiten auf »Mose und die Propheten«, für uns Heutige also auf Jesus und sein Wort, gehört haben oder nicht, im Zusammenhang dieses Textes besonders darauf, was er über unser Verhalten zu den Mitmenschen unter der Verantwortung vor Gott sagt (Matth. 25,40.45).

Dreigliederung im Reich des Lichts

Sodann gibt die Bibel für das Reich des Lichts eine weitere Gliederung an. In Hebr. 8,5 heißt es: »Sie, die Priester im Tempel, dienen nur dem Abbild und Schatten des Himmlischen; wie Gottes Stimme zu Mose sprach, als er die Stiftshütte vollenden sollte: Schaue zu, sprach er, daß du machest alles nach dem Bilde, das dir auf dem Berge gezeigt ist.« Als Gott auf dem Berge Horeb mit Mose redete, ihm die Gebote und die Anordnungen für das Volk Israel kundtat, hat er besonders auch geboten, wie die Stiftshütte und die Geräte für den priesterlichen Dienst gestaltet werden sollten (2. Mos. 25,9.40; 26,30; 27,8; Apg. 7,44). Die Stiftshütte begleitete das Volk auf der Wanderung zum verheißenen Land und diente später als Modell für den Tempel. Diese Weisung Gottes an Mose, ein »Abbild des Himmlischen« herzustellen, widerspricht nicht dem Gebot in 2. Mos. 20,4, da dieses Gebot nur dem Menschen verwehrt, sich nach eigenem Entwurf ein Abbild oder Gleichnis des Himmlischen zu machen. Wenn Gott ein Abbild des Himmlischen als Modell vorgibt oder Jesus in Gleichnissen vom Himmelreich spricht, so handelt es sich um offenbare Wahrheit im Gegensatz zu Spekulationen, die Menschen sich aufgrund eigener Gedanken und Vorstellungen machen.

Aus der Art, wie Mose die Stiftshütte ausführen ließ, kann man mit Behutsamkeit rückschließen auf eine *Gliederung im Reiche des Lichts*. Die Stiftshütte hatte drei Bezirke: den äußeren Vorhof mit dem Brandopferaltar für das Volk, sodann die eigentliche Stiftshütte, die unterteilt war in das Heiligtum, in dem die Priester dienten, und das Allerheiligste mit der Bundeslade, das nur der Hohepriester betreten durfte und zwar nur einmal im Jahr, am großen Versöhnungstag (Hebr. 9,2–7). Dementsprechend darf man eine dieser Aufteilung in Vorhof, Heiligtum und Allerheiligstes analoge Gliederung für das Reich des Lichts annehmen. Doch geht es dabei nur um eine *Gliederung der Funktion nach, nicht nach Form, Größe, Aussehen* usw. Über solche Einzelheiten denke ich nicht nach. Darüber ist uns nichts gesagt, und das liefe dem Gebot in 2. Mos. 20,4 zuwider.

Die von der Stiftshütte als Abbild des Himmlischen nahegelegte Gliederung im Reiche des Lichts möchte ich dahin verstehen, daß dem Vorhof das Paradies, auch Abrahams Schoß genannt, entspricht. Dorthin bringen Engel die Seelen derjenigen Sterbenden, die Jesus als die Seinen anerkennt, z.B. die Seele des armen Lazarus (Luk. 16,22) und die Seele des bußfertigen Schächers neben dem Gekreuzigten, dem Jesus verheißt: »Heute wirst du mit mir im Paradies sein« (Luk. 23,43). Dem Heiligtum, so meine ich, entspricht das himmlische Jerusalem (Off. 21), dem Allerheiligsten die Stätte des Thrones Gottes, zu der niemand Zugang hat außer Jesus, unserem ewigen Hohenpriester. Dort ist er zur Rechten des Vaters erhöht und dient am Heiligtum, d.h. tritt ständig vor dem Vater für uns ein (Hebr. 8,1–2; Röm. 8,34).

Dreigliederung im Reich der Finsternis

Vom Reich der Finsternis wissen wir bereits, daß Hölle und Totenreich dort zu denken sind. Denn die Bibel bestätigt diese Bezirke als Teil des Unsichtbaren, und da Hölle und Totenreich nicht Licht noch Leben sind, können sie nicht zum Reich des Lichts gehören. Dem entspricht es auch, daß Satan als Nachahmer Gottes (so hat Luther ihn genannt) für das Reich der Finsternis, soweit es ihm zugelassen wird, nachmacht, was Gott für das Reich des Lichts als Ordnung festgesetzt hat. Letzten Endes erfüllt er aber damit nur Gottes Willen, wie er in allem Gottes Werkzeug ist. So dürfen wir vermuten, daß das Totenreich als Vorhof und die Hölle als Unheiliges zum Reich der Finsternis gehören und daß auch ein Allerunheiligstes da sein wird, vielleicht der Abgrund (Off. 9,1–2; 20,1–3) oder der feurige Pfuhl (Off. 20,14–15). Darüber wollen wir nicht weiter nachdenken; wir sollen nicht die ›Tiefen des Satans‹ erforschen wollen (Off. 2,24).

Ich erwähne die *Gliederung des Reiches der Finsternis* nur, um auf den Unterschied von Totenreich und Hölle hinzuweisen. Der reiche Mann (Luk. 16,23) kam ins Totenreich (griechischer Grundtext: *hades*), das bereits ein Ort der Qual und der Flammen ist (Luk. 16,23–24). Mit diesem reichen Mann werden die Seelen aller *der* Sterbenden ins Totenreich kommen, die Jesus nicht als die Seinen anerkennt (vgl. Matth. 7,21–23). Es wird auch eintreten, daß Gott die Seele eines Sterbenden bis in die Hölle verstößt. Davon spricht Jesus z.B. in Mark. 9,43–48, ebenso in Luk. 12,5. An diesen Stellen hat der griechische Grundtext das Wort *geenna*.

Im übrigen dürfen wir Satan nicht die Ehre antun, ihn etwa als Herrn im Reich der Finsternis zu denken. Herr ist allein der Dreieinige Gott. Er ist Herr über alles Sichtbare und Unsichtbare, entsprechend dem Worte Jesu (Matth. 28,18). Satan ist bestenfalls als Verwalter anzusehen und in jedem Fall an Gottes Weisung gebunden (Hiob 1,12; 2,6). Insbesondere kann Satan niemand in die Hölle verstoßen. Dieses Urteil steht allein Jesus zu, dem Gott das Gericht übergeben hat (Joh. 5,22). Das zeigt auch ein Wort Jesu an seine Freunde: »Fürchtet euch nicht vor denen, die den Leib töten und danach nichts mehr tun können . . . Fürchtet euch aber vor dem, der, nachdem er getötet hat, auch Macht hat, zu werfen in die Hölle« (Luk. 12,4–5). Es ist Gott, der die Menschen sterben läßt (Ps. 90,3), und er ist es, der dem Gestorbenen durch Jesus den Platz im Unsichtbaren zuweist (Matth. 25,34.41.46). Und Jesus, dem der Vater alle Gewalt und das Gericht übergeben hat, hat die Schlüsselgewalt auch über das Totenreich (Off. 1,18), den Vorhof zum Reich der Finsternis, und damit zu diesem Reich als Ganzem. Er ist es, »der auftut, und niemand schließt zu, der zuschließt, und niemand tut auf« (Off. 3,7).

Das biblische Oben und Unten

Zur Gliederung des Unsichtbaren gehört auch eine Angabe, wo in dem uns überall umgebenden Unsichtbaren das Licht und wo die Finsternis gedacht werden darf, genauer: wo die »Grenze« zwischen beiden Reichen, die große Kluft liegt, von der Jesus spricht (Luk. 16,26). Ich will auch dazu einige Hinweise der Bibel auslegen, betone aber, daß es nicht um einer Anschaulichkeit willen geschieht (die gar nicht möglich ist), sondern um deutlich zu machen, *daß biblische Ausdrucksweisen auch dann als zuverlässig erkannt werden können, wenn man sie nur vordergründig sieht* und als naiv oder falsch hinstellt. Was offenbart ist, ist wahr. Daran haben wir uns zu halten. In meiner Sicht, die ich gleich biblisch begründen werde, gehört das Reich der Finsternis zu dem Teil des Unsichtbaren, der die Erdkugel durchdringt, wobei die niedere Schicht der Erdatmosphäre noch dazu gehört. Darüber – von einem beliebigen Punkt der Erdoberfläche aus gesehen – dürfen wir uns in allen Richtungen das Reich des Lichtes denken, ohne daß wir die Lage der Grenze zwischen beiden Reichen kennzeichnen können. *In dieser Sicht bleibt das biblische »oben« und »unten« in neuem Verständnis voll erhalten.*

Diese beiden Begriffe haben relativen Charakter, gelten für uns als Bewohner der Erde und lassen sich von der Erde aus leicht definieren. Die Richtung nach unten ist die mit der Erdanziehungskraft gleich laufende Richtung, die nach oben ist die dazu entgegengesetzte Richtung. Diese Definition ist unabhängig von der Drehung der Erde und ihrer Bewegung im Weltall, als Planet im Sonnensystem am Rande der Milchstraße. Überall von der Erde weg ist »oben«, überall in sie hinein ist »unten«. Denkt man sich diese Definition vom Sichtbaren auf das Unsichtbare übertragen, so macht sie keine Aussage mehr für das uns umgebende Weltall, sondern eine mit Begriffen des Sichtbaren gleichnishaft formulierte Aussage für das Unsichtbare, das Weltall und Erde durchdringt. Von da her ergibt sich ein neues Verständnis für manche als naiv geltende Redeweise der Bibel.

Ich gebe dazu *einige Beispiele*, die zugleich die von mir gegebene Sicht begründen sollen. Da sind zunächst die Bibelstellen, die von Jesu Aufenthalt im Totenreich sprechen. In Matth. 12,39–40 antwortet Jesus auf die Zeichenforderung der Schriftgelehrten und Pharisäer: »Das böse und abtrünnige Geschlecht sucht ein Zeichen; und es wird ihm kein Zeichen gegeben werden denn das Zeichen des Propheten Jona. Denn gleichwie Jona drei Tage und drei Nächte in des Fisches Bauch war, so wird des Menschen Sohn drei Tage und drei Nächte im Schoß der Erde sein.« Damit hat Jesus nicht ein Liegen im Grabe gemeint, denn dort hat er allenfalls zwei Nächte und einen Tag verbracht. Man hat Jesu Angabe auf seinen Aufenthalt im Totenreich zu beziehen. Das besagt auch Eph. 4,9: »Daß er aber aufgefahren ist, was ist das anderes, als daß er auch hinuntergefahren ist in die untersten Örter der Erde.« Ebenso 1. Petr. 3,19–20: »In demselben (Geist) ist er auch hingegangen und hat gepredigt den Geistern im Gefängnis, die vorzeiten nicht glaubten, da Gott harrte und Geduld hatte zu den Zeiten Noahs, da man die Arche zurüstete.« Wenn hier vom »Schoß der Erde« und von den »untersten Örtern der Erde« gesprochen wird, so ist dabei nicht an die physische Erdkugel gedacht. Es wird vom Unsichtbaren geredet, von Orten in *dem* Teil des Unsichtbaren, der die Erdkugel durchdringt, vor allem vom Totenreich als Teil des Reiches der Finsternis; ebenso bei dem »Gefängnis«, in dem die Seelen der in der Sintflut Umgekommenen von Jesus aufgesucht werden. Nach dem Tod am Kreuz war Jesus in allen »Schichten« des Totenreichs und hat sich dort als der Herr erwiesen, über den der Tod keine Macht hat (Röm. 6,9; 2. Tim. 1,10).

Daß auch die untere Erdatmosphäre noch zum Reich der Finsternis gehört, ist mehrfach angedeutet. In Dan. 10,13.20 wird von »Engelfürsten« des Perserreichs und Griechenlands berichtet, die dem Engel widerstanden, der Daniel das ihm offenbarte Gesicht deuten sollte. Aber Engelfürsten über Länder der Erde, die Boten Gottes bekämpfen, können nur dem »Fürsten der Welt« unterstehen, den die Bibel auch als einen »Mächtigen, der in der Luft herrscht« (Eph. 2,2), kennzeichnet. Sie sind als gefallene Engel anzusehen, die mit Satan von Gott abgefallen sind. Auch der Sturz Satans auf die Erde (Hes. 28,16; Luk. 10,18; Off. 12,9) und sein Wandern über die Erde (Hiob 1,7; 2,2) machen deutlich, daß der Luftbereich über der Erde dem Reich der Finsternis zugehört – *nicht die physische Luft oder Atmosphäre, sondern der diese durchdringende Teil des Unsichtbaren!*

II. Abschnitt

Bedrohung durch Mächte des Unsichtbaren

Kapitel 5: **Das Aas und die Geier**

Die Menschheit im Bann der Finsternis

Wenn es vom biblischen Befund her zutrifft, daß das Unsichtbare das Sichtbare überall durchdringt, und wenn weiter in diesem Ineinander das Reich der Finsternis unsere Erde und ihren Luftraum erfüllt, so bedeutet das nichts anderes, als daß die Menschheit – trotz aller natürlichen und künstlichen Lichtquellen – *im Herrschaftsbereich der Finsternismächte* lebt. Sie weiß es nur nicht oder will nichts davon wissen. Jesus aber kam als Licht der Welt in unsere Finsternis, um uns davon zu erlösen. Das bezeugen vor allem die Verheißungen auf das Kommen des Erlösers, die uns zur Advents- und Weihnachtszeit in Erinnerung gerufen werden.

Da heißt es: »Sie werden unter sich die Erde anblicken und nichts finden als Trübsal und Finsternis; denn sie sind im Dunkel der Angst und gehen irre im Finstern. Doch es wird nicht dunkel bleiben über denen, die in Angst sind« (Jes. 8,22–23). »Das Volk, das im Finstern wandelt, sieht ein großes Licht, und über denen, die da wohnen im finstern Lande, da scheint es hell« (Jes. 9,1). »Ich, der Herr, habe dich gerufen . . . und mache dich zum Bund für das Volk, zum Licht der Heiden, daß du die Augen der Blinden öffnen sollst und die Gefangenen aus dem Gefängnis führen und, die da sitzen in der Finsternis, aus dem Kerker« (Jes. 42,6–7). »Denn, siehe, Finsternis bedeckt das Erdreich und Dunkel die Völker; aber über dir geht auf der Herr, und seine Herrlichkeit erscheint über dir« (Jes. 60,2). Was im Alten Testament verheißen ist, wird im Neuen Testament bestätigt bzw. als erfüllt verkündet. »Und das Licht scheint in der Finsternis, und die Finsternis hat's nicht ergriffen« (Joh. 1,5). »Das aber ist das Gericht, daß das Licht in die Welt gekommen ist, und die Menschen liebten die Finsternis mehr als das Licht, denn ihre Werke waren böse« (Joh. 3,19). Und Jesus spricht: »Ich bin das Licht der Welt. Wer mir nachfolgt, wird nicht wandeln in der Finsternis, sondern wird das Licht des Lebens haben« (Joh. 8,12). »Es ist das Licht noch eine kleine Weile bei euch. Wandelt, solange ihr das Licht habt, damit euch die Finsternis nicht überfalle. Wer in der Finsternis wandelt, der weiß nicht, wo er hingeht. Glaubet an das Licht, solange ihr's habt, auf daß ihr des Lichtes Kinder werdet« (Joh. 12,35–36). »Ich bin gekommen in die Welt ein Licht, damit, wer an mich glaubt, nicht in der Finsternis bleibe« (Joh. 12,46).

Paulus erhält den Auftrag, »aufzutun ihre Augen, daß sie sich bekehren von der Finsternis zum Licht und von der Gewalt des Satans zu Gott, um zu empfangen Vergebung der Sünden« (Apg. 26,18). Er kritisiert den gesetzesstrengen Juden: »Du willst dich vermessen, ein Leiter zu sein der Blinden, ein Licht derer, die in der Finsternis sind?« (Röm. 2,19) und warnt die Gläubigen: »Wir haben nicht mit Fleisch und Blut zu kämpfen, sondern mit Mächtigen und Gewaltigen, nämlich mit den Herren der Welt, die in dieser Finsternis herrschen, mit den bösen Geistern unter dem Himmel« (Eph. 6,12). Er bezeugt aber auch den Sieg Jesu und dankt dafür dem Vater, »der uns errettet hat von der Macht der Finsternis und hat uns versetzt in das Reich seines lieben Sohnes« (Kol. 1,13). Und Johannes bezeugt: »Die Finsternis vergeht, und das wahre Licht scheint jetzt« (1. Joh. 2,8). Er warnt uns zugleich: »Wer seinen Bruder hasset, der ist in der Finsternis und wandelt in der Finsternis und weiß nicht, wo er hingeht; denn die Finsternis hat seine Augen verblendet« (1. Joh. 2,11).

Diese Stellen, die keineswegs von *geistiger* Finsternis reden, d.h. von mangelhaftem Bildungsstand oder fehlender Aufklärung, machen noch einmal deutlich, wie unanschaulich das Ineinander von Sichtbarem und Unsichtbarem ist. Nicht nur, daß sich diese beiden Wirklichkeiten in paradoxer Weise (ungetrennt und unvermischt) durchdringen, auch im Unsichtbaren für sich ist das *Übergangsfeld von der Finsternis zum Licht ein merkwürdiges Ineinander*. Wer an Jesus glaubt, ist versetzt aus dem Reich der Finsternis in das Reich des Sohnes, ins Licht, wie Kol. 1,13 bezeugt. Er bleibt aber auf der Erde, ist also noch überall von Finsternis umgeben. Er ist wie ein Licht im Dunkeln, wie Jesus als Licht in die Finsternis gekommen ist. Er ist nicht herausgenommen aus der Finsternis über der Erde, weil er ein »Licht der Welt« sein soll. Er ist nicht mehr *von* der Welt, wie Jesus nicht von der Welt war und ist, wird aber *in* der Welt belassen, sogar in die Welt gesandt (Joh. 17,15–18). Der Glaubende soll das Licht von Gottes Liebe, Frieden und Freude, das er hat und ist, in sich leuchten lassen und wie mit einem Spiegel die Herrlichkeit Gottes im Dunkel der Welt widerspiegeln, auf daß andere davon erreicht werden können.

Und dennoch bleibt es richtig, daß das Licht keine Gemeinschaft mit der Finsternis hat (2. Kor. 6,14). Auf dieser Grundsituation des an Jesus Glaubenden, daß er aus der Macht der Finsternis errettet und zum Licht geworden ist, aber sich von einem Meer von Finsternis umgeben wissen muß, beruhen alle Anfechtungen. Deshalb haben wir zu kämpfen, nicht mit Fleisch und Blut, und zu laufen mit Geduld in dem Kampf, der uns verordnet ist (Hebr. 12,1), haben aber zugleich aufzusehen auf Jesus, den Anfänger und Vollender des Glaubens (Hebr. 12,2). Nicht aus eigener, nur mit seiner Kraft können wir den Kampf bestehen. Deshalb auch hat Jesus die Gemeinde geschaffen, daß wir Gemeinschaft haben mit Brüdern und Schwestern und seelsorgerliche Hilfe finden bei Ältesten, die in seiner Vollmacht stehen.

Das Vordringen der Finsternis

Die Tatsache, daß die Erde im Machtbereich der Finsternis liegt, hat überall auf der Erde zur Folge, daß die Mächte der Finsternis sich vordrängen. Sie wissen, sie haben nur noch wenig Zeit (Off. 12,12). Die Mächte des Lichts halten sich dagegen zurück. Sie können, ja, sie *sollen* warten, bis Jesus in Macht und Herrlichkeit erscheint und mit dem Hauch seines Mundes umbringt und mit Feuer verzehrt, was an Widersachern aufgestanden ist (2. Thess. 2,8; Off. 19,21; 20,9). Diese Aktivität des Feindes und das Sichzurückhalten der Engel hat Jesus bereits im Gleichnis vom Unkraut unter dem Weizen vorausgesagt (Matth. 13,30).

Die Lage der Gemeinde Jesu jetzt kann mit Jesu Gefangennahme in Gethsemane verglichen werden. Damals sagte Jesus zu Petrus, der ihn mit seinem Schwert verteidigen wollte: »Meinst du, daß ich nicht könnte meinen Vater bitten, daß er mir zuschickte alsbald mehr als zwölf Legionen Engel?« – und zu seinen Häschern: »Dies ist eure

Stunde und die Macht der Finsternis« (Matth. 26,53; Luk. 22,53). In der Endzeit geht es um die Gefangennahme der Gemeinde als Leib Jesu. Denn vom Antichristen wird vorausgesagt: »Ihm ward gegeben, zu streiten wider die Heiligen und sie zu überwinden« (Off. 13,7). Wir sollen uns nicht aus Eigenem wehren, sondern wachen und beten, daß wir in Jesus bleiben, und mit Paulus wünschen, daß Christus hoch gepriesen werde an unserem Leibe, es sei durch Leben oder durch Tod (Phil. 1,20). Ein Zeichen dafür, wie weit die Mächte der Finsternis ihre bedrohlichen Positionen unter der Menschheit bereits bezogen haben, ist die immer mehr um sich greifende, aus der früheren Heimlichkeit herausgetretene Bewegung des *aktiven Okkultismus*: der zahlenmäßig ungeheuer angewachsenen Menge der Wahrsager und Zauberer, der Astrologen und Spiritisten, auch derer, die sich als Geistheiler, Magier, Hexer und Hexen, ja sogar als Satanspriester bezeichnen und ihre Dienste und Hilfen anbieten. »Die okkulte Explosion ist ausgebrochen«, schrieb vor einigen Jahren ein amerikanisches Magazin. Und vor kurzem hat K. Hutten* in einem erschütternden Bericht einige Tatbestände darüber zusammengestellt, in welchem Ausmaß okkulte Praktiken angeboten und in Anspruch genommen werden und internationale Vereinigungen, Institute, Kongresse sich damit befassen. Er stellt fest: »Wenn die Schätzungen zutreffen, nach denen ein Drittel der Menschheit die Sterne befragt oder ihren Einfluß auf das Menschenschicksal für möglich hält, dann hat die Astrologie mehr Anhänger und Mitläufer als jede Weltreligion und jede politische Ideologie . . .« »Die Anhängerzahl des Spiritismus wird auf über 100 Millionen geschätzt . . . Der Spiritismus hat Schwerpunkte in England, Nordamerika und Brasilien; er hat eine feste Position im öffentlichen Bewußtsein gewonnen, eigene Organisationen und Kirchen ins Leben gerufen, alte Kulte neu belebt und geprägt. Eine demoskopische Erhebung in der Bundesrepublik 1958 ergab, daß mehr als die Hälfte der Befragten bereit war, an die Realität paranormaler Erscheinungen zu glauben, und ferner, daß diese Bereitschaft sich auf höherer Bildungsstufe nicht etwa verringert, sondern im Gegenteil noch verstärkt.«

---

* *K. Hutten*, Überweltpropheten und Diesseitigkeitsapostel, in: E. Bauer (Hrsg.), Psi und Psyche, Stuttgart 1974, S. 75–78.

Hutten untersucht anschließend die Gründe für einen solchen Einbruch des Okkulten in die moderne Welt. Sein Ergebnis ist, daß der *passive Okkultismus*, das verzweifelte Suchen und vertrauensvolle Annehmen okkulter Hilfen, nur »aus dem lebensgefährlichen Verlust der großen ›vertikalen‹ Hoffnung zu erklären« ist, der Hoffnung auf des guten Gottes Hilfe in einer überschaubaren Welt. »Dieser vertikalen Hoffnung«, so sagt Hutten mit Recht, »wurde die Daseinsberechtigung völlig entzogen. Sie wurde als rückständig, unwissenschaftlich und zudem noch fortschrittsfeindlich verschrien. In allen vergangenen Epochen hatte sie dem unter Bedrängnissen seiner Zeit stöhnenden Menschen geholfen, durch die Verheißungen von Frieden und Geborgenheit in der oberen Welt seine Tage im ›irdischen Jammertal‹ zu ertragen. Nun wurde sie zum Tode verurteilt.« Wer für die menschlichen Probleme heute Antworten sucht, muß sich wieder der Vertikalen zuwenden. »Das geschah denn auch«, fährt Hutten fort, »vorab in der Jugend. . . . Die Sehnsucht nach der ›heilen Welt‹ wandelte sich in die Sehnsucht nach der ›anderen Welt‹, in deren Herrlichkeit der Zivilisationsmüde durch Bewußtseinserweiterung, Zen, Transzendentale Meditation, den Trip oder mit Hilfe der Ekstase eintauchen kann. Von hier aus ist es nur noch ein kleiner Schritt zu den Okkultbewegungen. Sie können nicht nur ein farbenfrohes Panorama von der ›anderen Welt‹ vorlegen, sondern *zeigen auch Wege, um mit den Mächten dieser Welt in Verbindung zu treten* und sich von ihnen begleiten zu lassen. Es ist nicht verwunderlich, daß gerade in den Kreisen der frustrierten Jugend okkulte Lehrelemente und Praktiken in sporadischer oder kompakter Form weite Verbreitung gefunden haben.«

Und die Gemeinde Jesu

Als Gemeinde Jesu müssen wir die Tatsachen, wie sie in dem Bericht von K. Hutten aufgezählt werden, nüchtern zur Kenntnis nehmen. Der Okkultismus als eine Bewegung, die Angebot und Nachfrage von Hilfeleistungen aus einer »anderen Welt« regelt, ist zu einer internationalen Großmacht geworden, wie es schon 1962 einer ihrer Vertreter formulierte. Auf der anderen Seite weiß die Gemeinde Jesu, daß dieser Weg zur »Hilfe aus einer anderen Welt« *ein Irrweg ist, der als Ersatz für den rechten Weg* – weil der Glaube an den lebendigen Gott verloren ging – *gesucht und gegangen wird.* Während die meisten Menschen, die sich dem Irrweg verschreiben, meinen, auf diesem Weg zu Gott zu finden, weiß die Gemeinde, daß diese »andere Welt« weithin unter der Herrschaft der Finsternis steht. Denn das Sichvordrängen der Mächte, die sich anbieten und Hilfe versprechen, sei es direkt, sei es über Menschen und Organisationen, ist ein charakteristisches Kennzeichen für den, der da »hat einen großen Zorn und weiß, daß er wenig Zeit hat« (Off. 12,12). Um aber im Einzelfall zu erkennen, ob und wie weit wirklich Finsternismächte am Werke sind, bedarf es der Gabe, die Geister zu unterscheiden (1. Kor. 12,10).

Die Gemeinde Jesu darf weiter wissen, daß auch die explosive okkulte Entwicklung *am Plan Gottes mit der Menschheit nichts ändern oder gar hindern kann*, ja, daß sie im Grunde in diesen Plan einbeschlossen ist (Röm. 11,32). Er hat den Mächten der Finsternis ihre Stunde gegeben, zugleich aber auch »ihnen Zeit und Stunde bestimmt, wie lange ein jedes leben sollte« (Dan. 7,12). Er läßt das Böse, das der Feind gesät hat, ausreifen bis zur Ernte, dem Ende der Welt. Dann wird »des Menschen Sohn seine Engel senden, und sie werden sammeln aus seinem Reich alle, die Ärgernis geben und die da Unrecht tun, und werden sie in den Feuerofen werfen« (Matth. 13,41).

Was zur Zeit an Schandbarem, Greuelvollem und Gotteslästerlichem auf der Erde vorgeht, fällt unter das Wort Jesu vom endzeitlichen Geschehen: »Wo das Aas ist, da sammeln sich die Geier« (Math. 24,28). Aber er hat auch verheißen: »Wenn diese Tage nicht verkürzt würden, so würde kein Mensch selig; aber um der Auserwählten willen werden die Tage verkürzt« (Matth. 24,22).

Als Glieder der Gemeinde Jesu dürfen wir festhalten: So erschreckend auch die weltweite Verbreitung und die immer unverhüllter hervortretenden Manifestationen der Finsternis für viele sein mögen – die okkulte Explosion, der sittliche Abstieg, die politischen und wirtschaftlichen Spannungen, der Terrorismus, die Rohstoffvergeudung, die Umweltverschmutzung und manches andere –, die an Jesus Glaubenden und auf ihn Vertrauenden brauchen sich dadurch in keiner Weise beeindrucken zu lassen. Denn das hieße, Satan Ehre zu geben! Wir brauchen keine Angst zu haben vor dem, was kommen mag, weil es sich um besiegte Feinde handelt, um ein letztes Aufbäumen. Das Wort Jesu gilt: »In der Welt habt ihr Angst, aber seid getrost, ich habe die Welt überwunden« (Joh. 16,33). Wir haben »zu wachen und zu beten, daß wir nicht in Anfechtung fallen« (Mark. 14,38), und auch darum zu beten, daß noch viele Menschen gerettet werden und viele Gläubige bewahrt bleiben, ehe Jesus wiederkommt. Im übrigen haben wir zu laufen in dem Kampf, der uns verordnet ist. Der Sieg Jesu steht fest. Satan *ist* gerichtet, das Urteil *ist* gefällt und wird als Vernichtung im Feuersee zu *der* Stunde vollstreckt werden, die der Vater im Himmel dafür bestimmt hat.

Kapitel 6: **Vom Wesen des Bösen**

Verdunkelung der Sinne

Ich beginne mit einer Gleichnishandlung Jesu: seinem Wandeln auf dem Meer nach der Speisung der Fünftausend. Er treibt seine Jünger an, daß sie allein mit dem Schiff über das Meer fahren. Dann heißt es (Mark. 6,46ff.): »Und da er sie von sich gelassen hatte, ging er hin auf einen Berg, zu beten. Und am Abend war das Schiff mitten auf dem Meer und er allein auf dem Berg. Und er sah, daß sie Not litten beim Rudern, denn der Wind war ihnen entgegen.« Das damalige Geschehen kann man *gleichnishaft für die Gemeinde heute* verstehen: Jesus entrückt in den Himmel, die Gemeinde am Abend der Geschichte allein auf dem Meer des Geschehens. Man denke etwa an das Lied: »Ein Schiff, das sich Gemeinde nennt, fährt durch das Meer der Zeit; das Ziel, das ihm die Richtung weist, ist Gottes Ewigkeit.« Jesus aber betet; er sieht die Not der Seinen, er weiß um die widrigen Winde. So sorgt er auch heute als der Auferstandene allezeit und überall für die Seinen. »Und um die vierte Nachtwache kam er zu ihnen und wandelte auf dem Meer und wollte an ihnen vorübergehen. Und da sie ihn sahen auf dem Meer wandeln, meinten sie, es wäre ein Gespenst, und schrien; denn sie sahen ihn alle und erschraken.« Am Ende der Zeit wird Jesus über das aufgewühlte Völkermeer (Kriege, Radikalismus, Revolutionen, Terror, Natur- und Wirtschaftskatastrophen) zu uns kommen. Die Gemeinde aber meint, sie sähe ein Gespenst, etwas Furchterregendes, und schreit und erschrickt! »Aber alsbald redete er mit ihnen und sprach zu ihnen: Seid getrost, ich bin's; fürchtet euch nicht – und trat zu ihnen ins Schiff, und der Wind legte sich.«

Als Gemeinde Jesu dürfen und sollen wir das gesamte Zeitgeschehen, auch mit seinen bedrohlichen und okkulten Äußerungen, in seinem aufgewühlten Zustand wie ein Meer ansehen, über das Jesus wandelt. Ihm kann es nichts anhaben, er hat das alles unter seinen Füßen. Insbesondere sollen wir über dem, was uns verzagt und hilflos machen will, die klare Aussicht auf das Kommen Jesu nicht verlieren.

Wir brauchen vor den Mächten und Gewalten nicht zu erschrecken. Denn alles das geschieht ja gerade deshalb, weil Jesus wiederkommt. Es ist ein letztes Aufbäumen Satans mit all seinen finsteren Mächten gegen den Herrn, der ihn überwunden hat. Jesus hat bereits seine Jünger darauf hingewiesen und sagt es dadurch auch uns: »Wenn dieses anfängt zu geschehen, so sehet auf und erhebet eure Häupter, denn eure Erlösung naht« (Luk. 21,28). Darum wollen wir ihn ganz getrost und mit großer Freude erwarten, kein Gespenst in ihm sehen, sondern auf ihn, unseren getreuen Herrn, schauen – auch wenn er den natürlichen Augen noch nicht sichtbar ist – und nicht (wie der sinkende Petrus) auf das sich vordrängende, bedrohliche Meer von Politik, Wirtschaft, Katastrophen und Okkultem.

Es ist doch erstaunlich, daß die Jünger damals, weil sie so sehr mit sich und ihrer Notlage beschäftigt waren, in dem zu ihnen kommenden Herrn nicht ihren Meister erkannten, sondern ein Gespenst zu sehen meinten! *So sehr vermag Satan die Sinne zu verdunkeln, auch unsere.* Auch wir stehen in Gefahr, vor all dem bedrückenden, finsteren, gottwidrigen Geschehen um uns herum zu vergessen, daß dies genau so im Plan Gottes mit der Menschheit beschlossen liegt, daß es Gottes, nicht Satans Weg ist und wir bei allem, was geschieht, in Gottes Hand sind, aus der uns niemand herausreißen kann (Joh. 10,29).

Satan als Werkzeug Gottes

In diesem Zusammenhang sei auf ein Wort von Martin Luther hingewiesen, der die Feststellung gewagt hat: Gott ist auch im Teufel gegenwärtig. *Der Teufel ist allein Gottes Teufel, sein Werkzeug.* Luther schreibt dazu in seiner drastischen, aber treffenden Ausdrucksweise, indem er den Teufel eine Anweisung Gottes hören läßt*: »Teufel, du bist wohl ein Mörder und Bösewicht, aber ich will dich brauchen, wozu ich will. Du sollst nur meine Hippen sein; die Welt und was an dir hanget soll mein Düngemist sein zu meinem lieben Weingarten, daß er desto besser werde ... Ich will und muß euch haben zu meinem Werkzeug, daß er bearbeitet und zugerichtet werde. Darum schnei-

---

* *M. Luther*, Sämtliche Werke, Erlanger Ausgabe 1851, Band 49, S. 254/55 (Auslegung zu Joh. 15, 1).

det, hauet und hacket nur getrost – aber nicht weiter, denn ich es will!« Eine Hippe ist ein Messer mit einer sichelförmigen Klinge zur Verwendung im Obstbau.

Hinweise darauf, daß und wie Satan von Gott als Werkzeug benutzt wird, geben die drei großen Versuchungsberichte der Bibel: der Sündenfall im Paradies nach der Gehorsamsprobe für Adam und Eva, die Freigabe des frommen Hiob zur Versuchung durch Satan und die Versuchung Jesu vor Beginn seines Wirkens. Weitere Beispiele stehen in 1. Kön. 22,20–22 (Gott schickt einen Lügengeist in falsche Propheten, damit sie den König Ahab betören und so seinen Tod herbeiführen) und in 2. Sam. 24,1 zusammen mit 1. Chron. 21,1 (einmal wird Gott, der Herr, das andere Mal Satan als der angegeben, der David zur Volkszählung reizt). Aber auf jeden Fall darf Satan nur so weit tätig werden, wie Gott es will. Satan und seine Helfer, die Gewaltigen und Dämonen, liegen an Ketten, und wenn die Ketten auch lang sein mögen – *Gott hat die Ketten in der Hand und bestimmt den Spielraum für die Mächte der Finsternis.* Satan, der Kettenhund Gottes – auch diese Kennzeichnung geht auf Martin Luther zurück.

Eine Milderung der obigen Darstellung Luthers über den Teufel als Werkzeug in Gottes Weingarten mag für manchen darin bestehen, daß sie sich zunächst auf das alte Gottesvolk bezieht, wie auch Jesus in einigen Gleichnissen Israel mit einem Weinberg vergleicht. Für das neue Volk Gottes, die Gemeinde aus Israel und den Völkern, den Leib Jesu, gilt das Gleichnis von Joh. 15,1–2: »Ich bin der rechte Weinstock, und mein Vater der Weingärtner. Eine jegliche Rebe an mir, die nicht Frucht bringt, wird er wegnehmen; und eine jegliche, die Frucht bringt, wird er reinigen, daß sie mehr Frucht bringe.« Es ist also Gott, der Vater, der das Messer im Weinberg handhabt. Der Teufel ist daher nur das Messer in der Hand Gottes, und wir als die Reben sind in der Verbindung mit Jesus, dem Weinstock.

Gutes und Böses von Gott

Aber wenn es auch schwer fallen mag, wir wollen uns dem herausfordernden Worte Luthers stellen, daß Gott auch im Teufel gegenwärtig sei. Das Wesen des Bösen in seiner Auflehnung gegen Gott *und* in seiner Abhängigkeit von Gott erschließt sich erst, wenn man bereit ist, auf die doppelte Aussage der Bibel zu hören: Gott ist es, der *alles* tut. Gutes *und* Böses kommt von ihm. Gott selbst hat es in seiner Offenbarung an Israel so bezeugt. Darauf weisen schon Mose und Josua als Führer des Volkes in ihren Ermahnungen hin, die sie den Israeliten zum Abschied mitgeben.

Es gilt das eine: »Er ist ein Fels. Seine Werke sind vollkommen; denn alles, was er tut, das ist recht. Treu ist Gott und kein Böses an ihm, gerecht und wahrhaftig ist er« (5. Mos. 32,4). Es gilt aber auch das andere: »Ich will alles Unglück über sie häufen, ich will alle meine Pfeile auf sie schießen« (5. Mos. 32,23). Ebenso: »Wie nun all das gute Wort gekommen ist, das der Herr, euer Gott, euch verkündigt hat, so wird der Herr auch über euch kommen lassen all das böse Wort, bis er euch vertilgt hat aus diesem guten Lande, das euch der Herr, euer Gott, gegeben hat« (Jos. 23,15). Weiter heißt es: »Ich bin der Herr, der alles schafft« (Jes. 44,24). »Ich bin der Herr und sonst keiner mehr, der ich das Licht mache und schaffe die Finsternis, der ich Frieden gebe und schaffe Unheil. Ich bin der Herr, der dies alles tut« (Jes. 45,6–7). »Der Geist des Herrn aber wich von Saul, und ein böser Geist vom Herrn ängstigte ihn« (1. Sam. 16,14). »Der Herr macht alles zu seinem Zweck, auch den Gottlosen für den bösen Tag« (Sprüche 16,4). »Wer darf denn sagen, daß solches geschieht ohne des Herrn Befehl und daß nicht Böses und Gutes kommt aus dem Munde des Allerhöchsten?« (Klag. 3,37–38). »Ist etwa ein Unglück in der Stadt, das der Herr nicht tut?« (Amos 3,6). Und als David vor Absalom flieht und Simei ihm flucht (2. Sam. 16,10), sagt David zu seinen Begleitern: »Laßt ihn fluchen; denn der Herr hat ihm geboten: Fluche David! Wer darf dann sagen: Warum tust du das?«

Alle diese Stellen machen deutlich, daß Gott hinter allem, auch hinter dem, was an Bösem geschieht, steht. Was die Bibel uns damit sagen will, ist außerordentlich wichtig: *Der Böse ist keine selbständige Macht neben Gott; er kann nur wirken, wann und was ihm Gott gebietet.* »Auf daß du wissest, daß der Herr allein Gott ist und sonst keiner« (5. Mos. 4,35). Gott ist es, der alles wirkt, auch wenn er Satan und seine Dämonen als Werkzeuge benutzt. Und wenn sich diese Werkzeuge aufs heftigste gottwidrig gebärden, so liegt das daran, daß sie lebendige Wesen mit einem bösen Eigenwillen sind. Gott aber hat sie an der Kette und bringt durch das Böse hindurch seinen Willen zum Ziel und zur Vollendung.

Zum besseren Verstehen dieser sehr schwierigen Zusammenhänge bedenke man: Als Menschen haben wir keinen Einblick in Gottes Plan, haben nicht das richtige Wissen um Gut und Böse. *Dieses Wissen steht allein Gott zu.* Durch den Sündenfall ist eine unvollkommene, verfälschte Kenntnis auf uns gekommen. Deshalb bewerten wir nach recht subjektiven Maßstäben und Vorstellungen, was gut sei und was böse sei. Gott aber bleibt bei seinem allein gültigen Maßstab. Das hindert ihn nicht, Menschen gegenüber von unseren Maßstäben auszugehen oder sich darauf zu beziehen. Was in menschlicher Sicht Unglück, Unheil, Böses ist, kann von Gott her gesehen Mittel der Zucht und des Zurechtbringens sein und damit Gutes bewirken. Wo er einen Bann vollstrecken läßt, wie beim Einzug Israels in das verheißene Land, geht es meistens um ein Gerichtshandeln Gottes.

Er allein hat das Recht, ein Urteil zu sprechen und es zu vollziehen oder vollziehen zu lassen. Gut ist allein das, was dem Willen Gottes entspricht. Böse ist allein das, was dem Willen Gottes entgegensteht. Und da seine Gedanken höher sind als unsere Gedanken, ist es unsere Sache einzusehen, daß wir Gottes Handeln selten verstehen. Er übernimmt und trägt die Verantwortung für alles Geschehen, auch für das, was uns als böse erscheint, weil er uns davor bewahren will, Satan als dem Bösen eine selbständige Macht zuzubilligen. In diesem Sinne sind die Bibelstellen zu verstehen, in denen Gott sich alles Böse zuschreibt.

Komplementarität als Verstehenshilfe

Für eine tiefergehende Durchdringung der Schwierigkeit stelle ich zwei Thesen auf, die sich ergänzen, indem sie sich widersprechen. Damit wende ich einen Gedanken von H.-H. Schrey an (vgl. Kapitel 2), das Prinzip der Komplementarität für die Erhellung biblischer Zusammenhänge fruchtbar zu machen.

1. Gott wirkt alles in allem. Er allein ist Gott. Er allein ist Herr. Er ist allmächtig. Neben ihm kann keine andere Macht bestehen.

Folgerung: Gott wirkt auch in Satan.

2. Es ist eine Macht in der Welt wirksam, die sich unentwegt gegen Gott stellt, sich immer stärker entfaltet und Gott entmachten will. Sie gibt sich als nicht überwunden. Diese Macht ist Satan.

Folgerung: Satan wirkt aus sich selbst.

Zur Begründung von These 1 brauche ich nichts weiter anzuführen. Diese Aussagen über Gott sind jedem Bibelgläubigen zur Genüge bekannt. Die Folgerung daraus ist Luthers Aussage, die sich, wie bereits gezeigt, durch zahlreiche Bibelstellen belegen läßt.

Zur Begründung von These 2 verweise ich auf Jesus, der Satan den »Fürsten dieser Welt« nennt (Joh. 12,31; 14,30; 16,11), ferner auf Mark. 4,15 (Satan kommt und nimmt das ausgesäte Wort Gottes weg) und auf Eph. 2,2 (der Mächtige, der in der Luft herrscht; der Geist der sein Werk hat in den Kindern des Unglaubens), Eph. 6,12 (Mächtige und Gewaltige, die Herren der Welt), Off. 13,7 (Macht, zu streiten wider die Heiligen und sie zu überwinden). Obige Folgerung ergibt sich daraus leicht; sie ist in gewisser Hinsicht auch von Jesus in Joh. 8,44 ausgesprochen.

Daß *beide Thesen notwendig* sind, um die schwierige Problematik des Bösen gedanklich zu fassen, zeigt folgende Zusatzüberlegung. Ließe man nur These 1 gelten, so würde das bedeuten, daß Gott das Gute und das Böse in sich vereine. Dem widerspricht die Bibel: »Das ist die Botschaft, die wir von ihm gehört haben und euch verkündigen, daß Gott Licht ist und in ihm ist keine Finsternis« (1. Joh. 1,5). »Treu ist Gott und kein Böses an ihm« (5. Mos. 32,4). Wenn jedoch allein These 2 gelten sollte, so liefe das darauf hinaus, daß Gott und Satan rivalisierende Mächte seien. Dem widerspricht die Bibel ebenfalls: »Du aber hast es gesehen (was Gott für dich getan hat), auf daß du wissest, daß der Herr allein Gott ist und sonst keiner« (5. Mos. 4,35). »Gott hat die Reiche und die Gewalten ihrer Macht entkleidet und hat sie öffentlich zur Schau gestellt und hat einen Triumph aus ihnen gemacht in Christus« (Kol. 2,15).

Ähnlich wie die beiden hier gegebenen Thesen formuliert auch K. Heim. Er sagt*: »Gott ist auch im Teufel der Wirksame. Gott hat

---

* K. Heim, Jesus der Weltvollender, 3. Aufl., Chr. Kaiser Verlag, Hamburg 1952.

selbst keine diabolischen Züge. Keine der beiden Aussagen darf zugunsten der anderen an Gewicht verlieren. Unser Denken muß an diesem Punkt eine Notlage durchhalten. Wir fühlen die unergründlichen Tiefen Gottes, aber auch die Tiefen Satans.« So wollen auch wir beide Thesen gelten lassen und die Spannung aushalten, die in ihrem Gegeneinander liegt. Damit gestehen wir im Grunde nur ein, daß Gott unbegreiflich ist (Ps. 147,5; Röm. 11,33). Der Gute und der Böse sind unergründliches Geheimnis für uns, vor dem jedes menschliche Denkvermögen versagt. Gott allein ist gut (Mark. 10,18). Er ist darüber anzubeten, seinem Willen gebührt Gehorsam. Satan ist der Böse, der Mörder von Anfang, der Vater der Lüge (Joh. 8,44). Ihm ist zu widerstehen (Jak. 4,7), was nur in der Waffenrüstung Gottes (Eph. 6,14−17) möglich ist.

Missionarische Erfahrung als Verstehenshilfe

Die hier gegebene Deutung des Bösen wird auch von W. Freytag in einer treffenden Formulierung bestätigt. Er kennzeichnet das Wesen des Dämonischen u.a. dahin, daß es *aus Gottes Kraft gegen Gott* lebt. Seine Erfahrungen aus Missionsgebieten sind so interessant und lehrreich, daß ich sie im Auszug hier anfüge[*]. Er schreibt:

»Was ist das eigentlich, das Dämonische? Es ist seinem Wesen nach eine übermenschliche Gewalt, die im pervertierten Verhältnis zur Gottheit steht. Es ist ein Wille, aber ein böser, zerstörerischer Wille. Es ist, als ob in allen Religionen dieser Wille als ständige Gefahr nicht nur im Hintergrunde steht, sondern auch Wirklichkeit wird. Man kann dieses Dämonische näher charakterisieren mit vier Aussagen:

1. *Es gehört zu seinem Wesen, daß es den Menschen mit Beschlag belegt.* Wir dürfen an den Religionen das nicht übersehen. Nicht nur die auffälligen Erscheinungen, in denen uns das zu Tage tritt, etwa die Erscheinung von Besessenheit, sprechen davon, sondern auch die Religion an sich belegt den Menschen mit Beschlag, ist eine andere Herrschaft über den Menschen als die Christusherrschaft . . .

2. Das zweite am Dämonischen ist, *daß es den Schein des Guten hat und doch festhält am Bösen.* Wir haben in allen Religionen Wahrheiten. In den primitiven Religionen ist vor allem ihr Sprichwortgut voll von moralischer Weisheit, von Wissen um das Gute. Und erst recht na-

---

* *W. Freytag,* Reden und Aufsätze II, München 1961, S. 15−21.

türlich in den Hochreligionen gibt es eine Fülle von Aussagen über das, was recht ist und was von jedem menschlichen Gewissen und auch christlichen Gewissen bestätigt werden könnte. Aber es ist merkwürdig, daß dieses Gute, um das man weiß, zu nichts anderem benutzt wird, als daß der Mensch sich selbst bestätigt; ja noch mehr, daß er unter dem Wissen um das Gute sein eigenes Nichttun dieses Guten versteckt . . .

Ich glaube, damit ist es deutlich, was ich meine, nämlich daß in den Religionen immer die Gefahr und nicht nur die Gefahr da ist, daß die Menschen ihr Wissen um das Gute benutzen, um die Unordnung im eigenen Herzen zu verschleiern, um sich selbst zu behaupten, damit sie nicht anders zu werden brauchen. Man redet um so lauter vom Guten, je tiefer man im Schlechten gefangen ist.

3. Das dritte Merkmal am Dämonischen ist, *daß es göttliche Triumphe feiern kann*. Es ist wirklich eine Kraft da. Hier kommen wir auf das Faktum der Zauberei und der Magie. Es ist eine merkwürdige Tatsache, daß die Menschen in Europa und Amerika die Zauberei vielfach für Betrug halten, jedenfalls nicht für eine wirkliche Kraft. Nun, selbstverständlich kann bei der Zauberei viel Betrug sein. Aber schon die einfache Tatsache, die viele Pioniermissionare berichten, daß etwa Zauberer äußerten: »Seitdem die Missionare im Lande sind, hat unsere Zauberei keine Kraft mehr« – diese Tatsache ist vielleicht doch mehr als etwas, was man nur psychologisch erklären kann. Die Bevölkerung wird nämlich durch die neue Botschaft so in Anspruch genommen, daß sie der alten Suggestion nicht mehr im selben Maße verfällt. Die Zauberer zum mindesten haben ja den Eindruck, daß sie vorher etwas gekonnt und zustandegebracht haben, was sie nun nicht mehr können, wenigstens nicht im selben Maße . . .

Jedenfalls eins ist gewiß: daß eine Kraft da ist und eine Kraft wirkt und eine Kraft Triumphe feiert, die man nicht leugnen sollte. Dies ist ja auch die Erklärung dafür, daß in den Erstlingsgemeinden draußen, in denen es moralisch manchmal nicht so ganz in Ordnung ist, die Sünde des Rückfalls in die Zauberei am ernstesten genommen wird; denn die Christenheit der ersten Generation weiß um die wirkliche Kraft des Dämonischen.

4. Was ist das eigentlich für eine Kraft? Gibt es denn eine Kraft, die als solche nicht in der Hand Gottes ist, nicht von ihm kommt? Mir scheint das Wesen des Dämonischen gerade darin zu liegen, *daß es aus Gottes Kraft gegen Gott lebt*. Das ist der tiefste Wesenszug des Dämonischen. Es lebt aus Gottes Kraft gegen Gott, wirklich aus Gottes Kraft; denn die Erkenntnis des Guten, mit der der Mensch das Böse deckt, kommt ihm von Gott. Und auch die Magie, ist sie nicht im tiefsten Grunde die gottgegebene Möglichkeit und Fähigkeit des Menschen zu gestalten, zu beherrschen, sich untertan zu machen? Beides wird gebraucht, das Wissen

um das Gute und diese Fähigkeit, gebraucht gegen Gott. Und das ist ein sehr menschliches Phänomen; denn es ist ja das Wesen der Sünde – diese Sünde, die im Gleichnis vom verlorenen Sohn beschrieben wird mit der Tat des Sohnes, der sich das Erbteil vom Vater geben läßt, um es allein, fern vom Vater, zu verprassen.

Es ist dasselbe Phänomen, das wir in der Seelsorge vor uns haben, wenn vor uns einer sitzt, der wohl seine Sünde erkennt und nicht davon lassen kann – etwa ein verheirateter Mann, der bekennt, daß er mit einem Mädchen eine Beziehung hat, und sagt: »Ich kann sie nicht lassen, denn es ist doch wirklich Liebe.« Dieses Nicht-lassen-können beruht ja darauf, daß hier eine gottgeschenkte Möglichkeit zwischen zwei Menschen in aller Kraft sich auswirkt, und die Sünde darin, daß diese von Gott geschenkte Kraft gegen Gott gelebt wird. Dieser Wesenszug des Dämonischen sieht fast aus wie eine satanische Inkarnation, wie ein Tat-geworden-sein des antichristlichen Willens. Hier versteht man das Wort von 1. Joh. 3,8: »Dazu ist erschienen der Sohn Gottes, daß er die Werke des Teufels zerstöre.«

Jeder, der bis hier gefolgt ist, wird unwillkürlich den Gedanken gehabt haben, daß alles das, was wir als den dämonischen Hintergrund der Religionen beschrieben haben, ja auch im Christentum vorhanden ist, zumindest als Bedrohung. Oder stimmt das etwa nicht? Gibt es nicht ein christliches Leben, das uns mit Beschlag belegt gegen Gott? Wir wissen das alle, wie es zum Beispiel im liturgischen Leben möglich ist, daß wir den Ritus miterleben und so stark darin stehen, daß er uns niemals ein Anruf von Gott her werden kann. In einem Christentum zum Beispiel, das das Kirchenjahr feiert, haben wir doch immer die Gefahr, daß wir von Station zu Station mitgehen, ohne sie ernst zu nehmen. Es kommt ja *wieder* Weihnachten, *wieder* Ostern, *wieder* Pfingsten. Und wir bewegen uns in einem Kreislauf, der niemals zur Entscheidung führt. Wir sind mit Beschlag belegt gegen Gott. Und gibt es das nicht auch bei uns, daß wir den Schein des Guten tragen, aber festhalten an der Lüge? Daß wir dann am christlichsten reden, wenn wir am wenigsten christlich handeln? Daß wir uns flüchten in das Wort Gottes, nicht um den Heiligen Geist zu empfangen, sondern um uns der Gnade zu vergewissern ohne Buße? Gibt es das nicht auch bei uns, daß wir aus Gottes Kraft gegen Gott leben? Wenn wir etwa denken an das magische Gebet – gibt es nicht ein Gebet, das um Erhörung bittet und tatsächlich auch erhört wird und das doch eigentlich nichts anderes ist als die magische Handlung des Christen, weil es im innersten gar nicht Gott meint, gar nicht sagt: »Dein Wille geschehe«, sondern: mein Wille geschehe? Hier haben wir in dieser ständigen Bedrohung durch das Dämonische wirklich eine Gemeinsamkeit zwischen dem Christentum und den Religionen, und ganz gewiß keine Überlegenheit des Christentums.

Haben wir das gesehen, dann wird aber auch deutlich, was das Christentum nun von den Religionen unterscheidet. Es ist nicht das, was es sieht, sondern das, was es glaubt und verkündigt. Was kann uns retten vor dieser ständigen Gefahr, daß wir uns beschlagnahmen lassen durch unser Christentum gegen Gott? Daß wir den Schein des Guten annehmen und am Bösen festhalten? Daß wir aus Gottes Kraft gegen Gott leben? Nichts anderes als das, was Gott getan hat und was Er tut; oder noch konkreter: kein anderer als Christus selbst. Nur in Ihm ist diese Gefahr überwunden. Nur Er selbst ist unsere Rettung. Wenn wir Ihn meinen, sind wir bewahrt vor der Liturgie, die uns gegen ihn mit Beschlag belegte. Wenn wir Ihn meinen, dann kommt es zur Buße. Wenn wir Ihn meinen und uns an Ihn halten, dann leben wir aus seiner Kraft ein neues Leben nach seinem Willen.«

Wie das praktisch vollzogen werden kann, bedarf zuweilen einer tiefergehenden Seelsorge. Darauf gehe ich im letzten Kapitel dieses Buches ein.

Kapitel 7: **Die Geister im Unsichtbaren**

Gott über allem und allen

Wem der Glaube an den lebendigen Gott geschenkt ist, der hält sich an ihn als den verborgenen, unsichtbaren Gott. Er weiß, »wir wandeln im Glauben und nicht im Schauen« (2. Kor. 5,7). Aber auch der noch nicht an den Gott der Bibel Glaubende sollte sich von den Worten mahnen lassen (Röm. 1,20): »Denn Gottes unsichtbares Wesen, das ist seine ewige Kraft und Gottheit, wird ersehen seit der Schöpfung der Welt und wahrgenommen an seinen Werken, so daß sie (die Menschen) keine Entschuldigung haben.« Gott hat sich nicht unbezeugt gelassen. Sein Wesen – nicht ihn selbst – kann man in Natur und Geschichte an seinem Wirken wahrnehmen. Dieses merkwürdige, zur Entscheidung herausfordernde *Verhalten Gottes, sich so zu offenbaren, daß er dennoch der verborgene bleibt*, hat B. Pascal in prachtvoll formulierten Sätzen gekennzeichnet. In seinen Pensées schreibt er[*]:

> »Weil so viele Menschen sich Gottes Milde unwürdig machen, hat er sie in der Entbehrung eines Gutes belassen wollen, nach dem sie nicht verlangten. Es war also nicht gerecht, in einer Weise zu erscheinen, die mit ihrer unverhüllten Göttlichkeit unbedingt fähig gewesen wäre, alle Menschen zu überzeugen. Es war aber auch nicht gerecht, auf eine so verborgene Weise zu erscheinen, daß er von denen, die ihn aufrichtig suchten, nicht erkannt werden konnte. Da er also unverhüllt denen erscheinen wollte, die ihn von ganzem Herzen suchen, und da er denen verborgen bleiben wollte, die ihn von ganzem Herzen fliehen, setzt er seine Erkennbarkeit in der Weise herab, daß er Zeichen seiner selbst gibt, sichtbar denen, die ihn suchen, aber nicht sichtbar denen, die ihn nicht suchen. Es gibt Licht genug für die, die nichts anderes wollen als sehen, und es gibt Finsternis genug für die anderen, die nicht sehen wollen.«

Diese Sätze geben einen tiefen Einblick in Gottes Wesen: in seine *absolute Souveränität*, daß er allein entscheidet, wie und wem er sich

---

[*] B. Pascal, in: F. E. Peters, Blaise Pascal, Trautmann Verlag, Hamburg 1974, S. 100/101.

offenbaren will; in seine *unbedingte Anerkennung des menschlichen freien Willens*, daß er sich nicht aufdrängt; in seine *wahre Gerechtigkeit*, daß er sich dem ihn Suchenden zu erkennen gibt, dem ihn Ablehnenden aber nicht.

Mit dem lebendigen Gott sind aber auch unsichtbar, d.h. für natürliche Sinne nicht wahrnehmbar, alle anderen Mächte der unsichtbaren Welt. Alle anderen sind geschaffen, alle anderen sind dem Dreieinigen Gott untergeordnet. Die Bibel spricht das deutlich aus: »Denn in ihm (in Jesus) ist alles erschaffen, was im Himmel und auf Erden ist, das Sichtbare und das Unsichtbare, es seien Throne oder Herrschaften oder Reiche oder Gewalten; es ist alles durch ihn und zu ihm geschaffen« (Kol. 1,16). »Gott hat Jesus von den Toten auferweckt und ihn gesetzt zu seiner Rechten im Himmel über alle Reiche, Gewalt, Macht, Herrschaft und was sonst genannt mag werden« (Eph. 1,21). »Ich bin gewiß, daß weder Tod noch Leben, weder Engel noch Fürstentümer noch Gewalten, weder Gegenwärtiges noch Zukünftiges, weder Hohes noch Tiefes noch keine andere Kreatur kann uns scheiden von der Liebe Gottes, die in Christus Jesus ist, unserem Herrn« (Röm. 8,38–39). »Wir haben nicht mit Fleisch und Blut zu kämpfen, sondern mit Mächtigen und Gewaltigen, nämlich mit den Herren der Welt, die in dieser Finsternis herrschen, mit den bösen Geistern unter dem Himmel« (Eph. 6,12). »Aber in dem allen überwinden wir weit durch den, der uns geliebt hat« (Röm. 8,37).

Viele Arten von Geistern

Das Wort »Geister« verwendet die Bibel als *Sammelbezeichnung für alle Wesen des Unsichtbaren*, ausgenommen den Dreieinigen Gott, dem alle Geister untergeordnet sind. Die zusammenfassende Bezeichnung erstreckt sich von den »abgeschiedenen Seelen« im Totenreich über die »bösen Geister« und die »unsauberen Geister« bis hin zu den Engeln, die als »dienstbare Geister« vorgestellt werden, und zu den hohen Geistern vor Gottes Thron. Nachfolgend einige Belege aus dem Alten und dem Neuen Testament.

»Der Geist des Herrn aber wich von Saul, und ein böser Geist vom Herrn ängstigte ihn« (1. Sam. 16,14.23). »Und der Herr sprach: Wer will Ahab betören, daß er hinaufzieht und vor Ramoth in Gilead fällt? Und einer sagte dies, der andere das. Da trat ein Geist vor und stellte sich vor den Herrn und sprach: Ich will ihn betören. Der Herr sprach zu ihm: Womit? Er sprach: Ich will ausgehen und will ein Lügengeist sein im Munde aller seiner Propheten. Er sprach: Du sollst ihn betören und sollst es ausrichten; gehe aus und tue das!« (1. Kön. 22,20–22). »Zu der Zeit, spricht der Herr Zebaoth, will ich die Namen der Götzen ausrotten aus dem Lande, daß man ihrer nicht mehr gedenken soll; dazu will ich auch die Propheten und allen Geist der Unreinheit aus dem Lande treiben« (Sach. 13,2).

»Jesus rief seine zwölf Jünger zu sich und gab ihnen Vollmacht über die unsauberen Geister, daß sie sie austrieben und heilten alle Krankheit und alle Gebrechen« (Matth. 10,1). »Dann geht er (ein böser Geist) hin und nimmt zu sich sieben andere Geister, die ärger sind als er selbst; und wenn sie hineinkommen, wohnen sie allda« (Matth. 12,45). »Er (Jesus) gebietet auch den unsauberen Geistern, und sie gehorchen ihm!« (Mark. 1,27). »Und wenn ihn die unsauberen Geister sahen, fielen sie vor ihm nieder, schrien und sprachen: Du bist Gottes Sohn!« (Mark 3,11). »Und es begab sich danach, daß er reiste durch Städte und Dörfer und predigte und verkündigte das Evangelium vom Reiche Gottes; und die zwölf waren mit ihm, dazu etliche Frauen, die er gesund gemacht hatte von bösen Geistern« (Luk. 8,1–2). »Doch darüber freuet euch nicht, daß euch die Geister untertan sind. Freuet euch aber, daß eure Namen im Himmel geschrieben sind« (Luk. 10,20). Das Austreiben böser oder unsauberer Geister durch die Apostel wird in Apg. 5,16; 8,7; 16,18 und 19,12–13 bezeugt.

Leiblichkeit und Rangordnung

Die Einheitlichkeit in der Bezeichnung »Geister« besagt aber nur, daß sie als Geschöpfe Gottes, von seinem Wort geschaffen, einerlei pneumatische, geistliche Leiblichkeit haben. Diese ist für uns Menschen auf natürliche Weise unvorstellbar und nicht wahrnehmbar. *Doch sagt die einheitliche Bezeichnung nicht aus, daß die Geister einander gleichen.* Sie unterscheiden sich sehr nach ihrer Wesensart und ihren Aufträgen, ebenso nach ihrer Rangordnung in der Hierarchie der Geister. Eine solche Rangordnung besteht. Die Bibel spricht von Thronen und Herrschaften, von Mächtigen und Gewaltigen, von guten und von bösen Geistern, ferner von Engeln Gottes und von Engeln des Teufels. Jakob schaut im Traum die Himmelsleiter und sieht, »die Engel Gottes stiegen daran auf und nieder« (1. Mos. 28,12). Auf dem Weg zur Versöhnung mit Esau »begegneten ihm die Engel Gottes« (1. Mos. 32,2). Jesus wird im Gericht verkünden: »Gehet hin von mir, ihr Verfluchten, in das ewige Feuer, das bereitet ist dem Teufel und seinen Engeln!« (Matth. 25,41). Und vom Streit im Himmel heißt es: »Michael und seine Engel stritten wider den Drachen. Und der Drache stritt und seine Engel und siegten nicht, auch ward ihre Stätte nicht mehr gefunden im Himmel« (Off. 12,7). Des Teufels Engel werden im griechischen Grundtext des Neuen Testaments auch als Dämonen bezeichnet, von Luther mit Teufeln (Mehrzahl) übersetzt, ferner der Teufel als Dämonenfürst (Matth. 12,24–28; Mark. 3,22).

Es ist müßig und bringt nichts, aus den Angaben der Bibel eine Rangordnung der Geister zu konstruieren. Sie sagt darüber zu wenig, also brauchen wir davon nichts. Es genügt zu wissen, daß gute Geister sind – von den hohen Geistern vor Gottes Thron bis zu den Engeln als Boten Gottes – und daß böse Geister sind – von Satan und seinen Gewaltigen bis zu den abgeschiedenen Seelen im Totenreich. Alle diese Geister haben im Unsichtbaren ihr geistliches Sein, für natürliche Augen und Ohren nicht wahrnehmbar – es sei denn, Gott habe Menschen Augen oder Ohren geöffnet oder Geistern erlaubt zu erscheinen (vgl. 1. Kön. 22,20–22).

Erscheinen von Geistern

Für ein solches Erscheinen von Wesen, die im Unsichtbaren leben, also für ein »Gesehenwerden« oder »Gehörtwerden«, hat das Neue Testament zwei unterschiedliche Worte. Wenn es sich um Jesus oder um Geister aus dem Reich des Lichts handelt, steht im griechischen Grundtext das Wort *horao* = sehen oder eine davon abgeleitete Form (das Futur *opsomai* oder der Aorist Passiv *oophthän*). Die Wendung

»er erschien = er wurde gesehen« (griechisch: *oophthä*) beschreibt ein Sichtbarwerden, verbunden mit einem echten Hervortreten aus dem Unsichtbaren in das Sichtbare, teils mit einem materiellen, teils mit einem verklärten Leib. Den Geistern aus dem Reich der Finsternis ist diese Art des Erscheinens offensichtlich nicht gestattet. Ihr »Erscheinen« spielt sich anders ab. Es heißt (2. Kor. 11,13−15): »Denn solche falschen Apostel und arglistigen Arbeiter verstellen sich zu Christi Aposteln. Und das ist auch kein Wunder; denn er selbst, der Satan, verstellt sich zum Engel des Lichts. Darum ist es nichts Großes, wenn sich auch seine Diener verstellen als Diener der Gerechtigkeit; deren Ende wird sein nach ihren Werken.«

Das griechische Wort, das hier für »sich verstellen« benutzt wird, heißt *metaschematizein* = »eine andere Gestalt annehmen, sich mit einem andern identifizieren«. Satan und seinen Engeln, den Dämonen, gelingt das Hervortreten aus dem Unsichtbaren, d.h. die volle Sichtbarmachung nicht. In besonderen Fällen können sie Augen und Ohren von Menschen mit ihrer Existenz »beeindrucken« und so mancherlei Gestalten formen, sowie Worte hervorbringen, bleiben aber im Unsichtbaren. Das liegt in dem Wort »sich verstellen«. Um einen Leib von »Fleisch und Bein« zu haben, müssen sie in Menschen fahren. So fahren Lügengeister in falsche Propheten, so fuhr Satan in Judas, zuvor sogar in Petrus. So sind wir, als wir noch in unseren Sünden waren, »gewandelt nach dem Geist, der zu dieser Zeit sein Werk hat *in* den Kindern des Unglaubens« (Eph. 2,2). So wird Satan seinen letzten Angriff gegen Jesus und seine Gemeinde führen, indem er im Antichristen, im Tier und im falschen Propheten wirkt (Off. 13). Entsprechendes gilt für die Botschaften der Finsternismächte. Sie sind Lüge, aber, da sie stets etwas Wahres enthalten, nicht leicht als Lüge zu erkennen. Denn Satan ist der Vater der Lüge und der Mörder von Anfang (Joh. 8,44). *Mit ausgefeilter List führt er den Kampf gegen die Wahrheit, indem er geschickt Wahres einflicht.*

Geisterunterscheidung

Auch unabhängig von einem Erscheinen gibt es Einwirkungen der Geister auf Menschen. Solche Einwirkungen können auf Leib, Seele,

Geist des Menschen erfolgen und sogar wahrnehmbar und feststellbar sein. So geschehen auch heute Heilungen und andere Wunder, die auf die Macht Jesu zurückgehen, vermittelt von Menschen, denen er Vollmacht gegeben hat und die in seinem Namen nach biblischer Weisung für ›Mühselige und Beladene‹ fürbittend eintreten. Aber es geschehen auch Heilungen und andere Wunder, die satanischen Ursprungs sind, ebenfalls von Menschen vermittelt. Diese jedoch rufen in irgendeiner Form zu Satan, selbst wenn ihr »Heilen« von Kreuzschlagen und Berufung auf die »drei höchsten Namen« begleitet wird. Beiderlei Einwirkungen sind, auch für Glaubende, nicht unmittelbar zu unterscheiden, zumal die meisten Menschen, die sich mit magischen Praktiken abgeben, völlig davon überzeugt sind, daß die ihnen verliehenen Kräfte göttlichen Ursprungs seien.

Jesus warnt uns davor in seinen endzeitlichen Reden. Er sagt: »Mancher falsche Christus und falsche Propheten werden aufstehen und große Zeichen und Wunder tun, so daß, wenn es möglich wäre, auch die Auserwählten verführt würden« (Matth. 24,24). Weiter heißt es: »Denn der Frevler wird auftreten in der Macht des Satans mit allerlei lügenhaften Kräften und Zeichen und Wundern und mit allerlei Verführung zur Ungerechtigkeit bei denen, die verloren werden, weil sie die Liebe zur Wahrheit nicht angenommen haben zu ihrer Rettung« (2. Thess. 2,9–10). Um also jetzt in der Endzeit nicht einer Verführung anheimzufallen, ist es für den Glaubenden außerordentlich wichtig, die Geister unterscheiden zu können. Wie jede Gabe von Gott, *kann auch die Gabe der Geisterunterscheidung erbeten werden. Gewährt wird sie aber nicht zu eigenem, sondern zu gemeinem Nutzen* (1. Kor. 12,7). Voraussetzung ist weiter, wie aus der zuvor angegebenen Stelle hervorgeht, die Liebe zur Wahrheit. Das entspricht der Weisung, an unseren Lenden umgürtet zu sein mit Wahrheit (Eph. 6,14), als dem ersten Stück der Waffenrüstung Gottes, die es dem Feind gegenüber anzulegen gilt. Im übrigen haben wir fest in der Nachfolge Jesu zu stehen.

Im Anschluß an seinen Rat, die Geister zu prüfen, ob sie von Gott sind, gibt Johannes den Hinweis: »Daran sollt ihr den Geist Gottes erkennen: ein jeglicher Geist, der da bekennt, daß Jesus Christus ist im Fleisch gekommen, der ist von Gott; und ein jeglicher Geist, der

Jesus nicht bekennt, der ist nicht von Gott« (1. Joh. 4,2). Das gilt zunächst von Menschen, die von Jesus zu uns reden, und für ihre Lehre oder Predigt. Es gilt aber auch für Geister, die *durch* Menschen zu uns reden. In beiden Fällen können wir zurückfragen: »Glaubst du, daß Gott der Allmächtige in Jesus von Nazareth Mensch geworden ist? Bekennst du Jesus als den Sohn Gottes, wie es die Bibel sagt? Bist du ein Geist von oben oder ein Geist von unten?« Wenn aber Geister, die wir nicht sehen oder hören, auf uns, d.h. auf unsere Gedanken, auf unsere Phantasien, einwirken, so können wir uns an eine *Faustregel* halten: Geister der Finsternis verbreiten Angst, machen uns hochmütig und selbstbewußt, schmeicheln dem natürlichen Menschen in uns, bestärken uns auf eigenen Wegen, verführen gegen Gottes Gebot. Geister des Lichts flößen Ehrfurcht ein, machen uns demütig, wenden sich an den inwendigen, geistlichen Menschen in uns, wirken Sündenerkenntnis und Buße, fordern zum Gehorsam gegen Gottes Gebot auf.

III. Abschnitt

Bewahrung
durch die Macht Jesu

Kapitel 8: **Jesu Kampf und Sieg**

Jesu Sterben eine Hingabe

Als Glaubende und als Noch-nicht-Glaubende dürfen wir wissen, daß Jesus durch sein Leiden und Sterben Hölle, Tod und Teufel überwunden hat. Was aber ist damit gemeint und wie ist es geschehen? Vor allem als Glaubende sollten wir davon Genaueres wissen und bezeugen.

In der Formulierung »Hölle, Tod und Teufel« ist »Hölle« wieder als »Totenreich« zu verstehen. In den entsprechenden Bibelstellen (1. Kor. 15,55; Off. 1,18; 20,13–14) ist stets vom Totenreich (*hades*) und Tod (*thanatos*) die Rede, wenn man den griechischen Grundtext heranzieht. Entsprechend ist mit 1. Joh. 3,8; Hebr. 2,14; Off. 20,2 und 10 zu belegen, daß mit »Teufel (*diabolos*)« Satan gemeint ist. Der Tod ist, wie die Mächte und Gewaltigen der Finsternis, eine personhafte Macht, die Satan untersteht (Off. 20,13; Hebr. 2,14). Jesus hat als Zeichen des Stärkeren die Schlüssel des Todes zum Totenreich (Off. 1,18) und wird im Gericht die Vernichtung von Tod, Totenreich und Satan im feurigen Pfuhl herbeiführen (Off. 20,10.13–14). Damit wird das Urteil vollstreckt, durch das der Fürst dieser Welt auf Golgatha gerichtet ist (Joh. 12,31; 16,11); seine Macht wird dann endgültig ausgeschaltet sein.

Jesu Kommen auf die Erde war gewiß ein Kommen zur Erlösung für viele, aber ebenso gewiß ein Kommen zum Gericht, daß er die Werke des Teufels zerstöre und der Fürst dieser Welt gerichtet werde. Damit das erfüllt werde, sollte er sterben. Von da her ist *das Wichtigste am Leben Jesu sein Sterben*. Sein Leben mit Lehren und Wirken ist für uns unerläßlich, ist im Grunde aber nur das Vorspiel für seine eigentliche Sendung. Erst sein Tod bringt die Erfüllung seines Lebens, in der Ausdrucksweise der Kirchenväter: *mors compendium vitae*. Dies zeigt zum einen die dreimalige Leidensankündigung (Matth. 16,21; 17,22–23; 20,18–19), zum anderen Jesu bewußte Hingabe an den Tod. Er fordert Judas auf, ihn auszuliefern (Joh. 13,27). Er gibt sich den Häschern ohne Widerstand in die Hände (Joh.

18,4–8). Er zwingt durch sein Verhalten Pilatus zum Urteilsspruch (Joh. 19,10ff.). So war der Tod nichts Überraschendes für Jesus, sondern von ihm gewollt und herbeigeführt, wie es im Willen des Vaters vorgesehen war.

Jesus hätte als Gottessohn nicht zu sterben brauchen. Wie Henoch oder Elia hätte er ohne Tod von der Erde hinweggenommen werden können. Denn er hatte Gottes Wohlgefallen (Mark. 1,11). Jesus hätte als Menschensohn nicht so zu sterben brauchen, wie es geschah – am Kreuz, d.h. am Fluchholz, aufgehängt zwischen zwei Mördern, preisgegeben der Verachtung und dem Spott der Menschen. Beides aber, sein Tod und ein solcher Tod, war sein Auftrag, und Jesus gehorchte dem Willen des Vaters. Er war gehorsam bis zum Tode, ja zum Tode am Kreuz (Phil 2,8). Und er hat den Gehorsam gelernt an dem, das er litt (Hebr. 5,8).

Jesu Sterben ein Kampf

Das Wichtigste am Sterben Jesu ist sein Kampf, *der Kampf gegen den Widersacher Gottes*. Jesus beschreibt ihn zuvor bildhaft mit den Worten: »Wenn ein Starker gewappnet seinen Palast bewacht, so bleibt das Seine in Frieden. Wenn aber ein Stärkerer über ihn kommt und überwindet ihn, so nimmt er ihm seinen Harnisch, darauf er sich verließ, und teilt den Raub aus« (Luk. 11,21–22). Satan ist ein starker Gewappneter. Jesus aber ist stärker und hat ihn überwunden: »Er hat die Reiche und die Gewaltigen ihrer Macht entkleidet und sie öffentlich zur Schau gestellt« (Kol. 2,15). Das ist am Kreuz von Golgatha geschehen. Zuvor aber tobte ein Kampf, in dem Satan aufs heftigste als Versucher auftrat und Jesus von dem Weg des Gehorsams abzubringen versuchte (Luk. 4,13). Doch war von diesem Kampf im Sichtbaren wenig zu spüren. Er spielte sich in erster Linie im Unsichtbaren ab.

Seinen Höhepunkt erreichte die Auseinandersetzung in den letzten Lebensstunden Jesu. Da kam es zu dem schweren *Gebetskampf in Gethsemane*. Hier spürt man den biblischen Berichten ab, wie betrübt und verzagt Jesus gewesen ist (Matth. 26,37–38; Mark. 14,33–34; Luk. 22,44). Besonders aufschlußreich ist die Aussage des

Hebräerbriefs: »Und er hat in den Tagen seines Fleisches Gebet und Flehen mit starkem Geschrei und Tränen geopfert dem, der ihn konnte von dem Tode aushelfen; und ist auch erhört, darum daß er Gott in Ehren hielt« (Hebr. 5,7). Satan wußte wie Jesus, daß der Weg ans Kreuz im Willen des Vaters lag. Deshalb wollte er diesen Weg verhindern, indem er seinen Helfer, den Tod, nach Gethsemane zu Jesus schickte, daß er ihn dort umbrächte oder ihm zuflüsterte: Bring dich selbst um, dann entgehst du dem schimpflichen Tod einer Hinrichtung! Jesus aber rang mit dem Tode und blieb gehorsam (Luk. 22,44). Daß es ein Ringen voller Angst war mit der Möglichkeit zu unterliegen, ist in dem Wort Agonia des griechischen Textes enthalten, ebenso in dem immer heftiger werdenden Gebet Jesu. Dies hat der Vater erhört; in Gethsemane mußte der Tod weichen (Hebr. 5,7).

Die Jünger, auf deren Mitbeten Jesus gehofft hatte, haben versagt. Trotz mehrfachen Ermahnens Jesu versanken sie immer wieder in Schlaf (Matth. 26,40–44; Mark. 14,37–41; Luk. 22,45–46). Sie waren besten Willens, aber schwach. Satan war ihnen weit überlegen; er sandte ihnen den Schlaf.

Der Kampf gegen die Widersacher erhielt seine Fortsetzung, als Jesus ans Kreuz geschlagen war. Erst die Vorübergehenden, dann die Hohenpriester samt den Schriftgelehrten und den Ältesten, schließlich die mit ihm gekreuzigten Mörder lästerten, verspotteten und schmähten ihn (Matth. 27,39–44; Mark. 15,29–32; Luk. 23,35–39). Auch da war der Versucher am Werk, der schon bei der Versuchung in der Wüste darauf aus war, Jesus zu einem Wunder zu veranlassen, das seine Gottessohnschaft beweisen sollte. In allem aber widerstand Jesus schweigend. Schließlich setzte der massive und brutale Angriff Satans mit all seinen Mächtigen und Gewaltigen ein, der sogar den Menschen, die von ferne standen, erkennbar wurde, ohne daß sie es begriffen haben.

Generalangriff der Finsternis

»Es war schon um die sechste Stunde, und es ward eine Finsternis über das ganze Land bis an die neunte Stunde. Und um die neunte Stunde schrie Jesus laut und sprach: Mein Gott, mein Gott, warum hast du mich verlassen?« (Matth. 27,45–46; Mark. 15,33–34). Lukas fügt hinzu: »Und die Sonne verlor ihren Schein, und der Vorhang des Tempels riß mitten entzwei« (Luk. 23,44–45). Diese Finsternis (zwischen 12 und 15 Uhr heutiger Tageszeit) war nicht, wie man meinen könnte, eine Sonnnenfinsternis. Denn zum einen dauert eine solche nicht drei Stunden, zum andern steht der jüdische Kalender dagegen. Denn eine Sonnenfinsternis kann nur bei Neumond eintreten, wenn der Mond zwischen Sonne und Erde steht, also seine uns zugewandte Seite dunkel ist. Jesus wurde kurz vor dem Passahfest, das auf den 14. Nisan fällt. gekreuzigt. Da die Israeliten ihren Kalender nach einem Mondjahr ausrichteten, beginnt jeder Monat mit dem Neumondstag. Ist aber am 1. eines Monats Neumond, so ist am 14. des Monats Vollmond, dann also eine Sonnenfinsternis unmöglich. Deshalb darf man bei der in den Evangelien angegebenen Finsternis an eine Finsternis übernatürlichen Ursprungs denken. Das wird vom griechischen Grundtext her erhärtet, der für »Finsternis« das Wort *skotos* benutzt, das gleiche, das bei der Gefangennahme Jesu in Gethsemane verwendet wird, wo Jesus sagt: »Aber dies ist eure Stunde und die Macht der Finsternis« (Luk. 22,53).

So möchte ich annehmen, daß *in jenen drei Stunden die Augen der Dabeistehenden für das Unsichtbare geöffnet* wurden und sie in das Reich der Finsternis hineinschauten, um Zeugen zu sein, wie sich das gesamte Heer der Finsternismächte auf Jesus stürzte, ihn bedrängte, quälte und versuchte mit allen Mitteln ihrer List, Bosheit und Brutalität – und das an dem durch körperliche und seelische Schmerzen aller Art geschwächten Leib des Gekreuzigten! Hier hat man Leiden und Versuchtwerden in eins zu sehen, wie es der Hebräerbrief aussagt: »Worin er selber gelitten hat und versucht ist, kann er denen helfen, die versucht werden« (Hebr. 2,18). Ferner: »Wir haben nicht einen Hohenpriester, der nicht könnte mitleiden mit unserer Schwachheit, sondern der versucht ist allenthalben gleichwie wir, doch ohne Sünde« (Hebr. 4,15). Im allgemeinen denkt man nur an die körperlichen Leiden Jesu am Kreuz, die überaus schwer waren. Aber sie waren nichts gegen die seelische und geistige Tortur, die Satan Jesus durch Menschen, die spottend vorübergingen, und durch seine dämonischen Heerscharen in jenen drei Stunden der Mittags-

glut erleiden ließ. Sein ganzes teuflisches Heer hat er gegen Jesus los-
gelassen, um ihm noch in den letzten Minuten das Nein gegen Gott
zu entreißen. Und *es ist ihm nicht gelungen! Jesus war und blieb der
Stärkere und hat Satan überwunden.*

Jesu Sterben ein Sieg

Und dieser Sieg wurde erkämpft, obwohl Jesus ganz von Gott verlassen war. Er betete offenbar den Psalm 22. Dieser beginnt mit den
Worten: »Mein Gott, mein Gott, warum hast du mich verlassen?«
Das sollte allen, die die Schriften kannten und kennen, die Augen dafür öffnen, daß mit dem Geschehen am Kreuz wiederum ein Wort der
Prophetie erfüllt ist. Warum aber war Jesus von Gott verlassen? Ich
meine, die Antwort ist klar: Weil Gott die Sünden der ganzen
Menschheit auf Jesus gelegt und ihn, der von keiner Sünde wußte,
für uns zur Sünde gemacht hatte (Joh. 1,29; Jes. 53,5.6.11; 2. Kor.
5,21; 1. Petr. 2,24). Deshalb mußte Gott sich von Jesus zurückzie-
hen, denn die Heiligkeit Gottes verträgt keine Gemeinschaft mit der
Sünde (2. Kor. 6,14). In den drei Stunden, in denen Jesus dem kon-
zentrierten Angriff Satans ausgesetzt war, *war er wirklich nur
Mensch.* Die göttliche Natur war ihm genommen.

Nun erst konnte Satan an ihn heran und stieß zu mit allen Mitteln,
die ihm zu Gebote standen. Gott aber ließ das zu! Denn dadurch widerfuhr dem Versucher die Gerechtigkeit, die ihm gebührte: *Er
wurde von einem Menschen überwunden, einem Menschen nach
Gottes Herzen.* Weil Satan im Paradies einen Menschen, der von keiner Sünde wußte, zum Ungehorsam gegen Gott verführt hatte, war
es die angemessene, ihn tief demütigende Strafe, daß er von einem
Menschen ohne Sünde überwunden wurde. So war es Gottes gerechter Wille, und deshalb mußte Jesus so sterben, wie es auf Golgatha
geschah. Zugleich wurde so die Macht der Sünde gebrochen.

Das *Wichtigste am Kampfe Jesu war sein Sieg.* Er hat gegen Satan
gesiegt und damit den Fürsten dieser Welt gerichtet. »Es ist vollbracht!« Dieses königliche Wort Jesu zeigt den Sieg an (Joh. 19,30).
Was im einzelnen in diesem Kampf geschah, was überhaupt vor sich
ging, verschweigen die Evangelien. Sie berichten nur vom Einbruch

der Finsternis und vom Sieg Jesu. Erst später, nach der Auferstehung Jesu, als er seinen Jüngern die Schriften auslegte, ging ihnen Näheres auf. So bezeugen erst die Briefe des Neuen Testaments die Bedeutung des Kreuzes. Auch der Hebräerbrief sagt mehr aus, wie bereits angeführt wurde (Hebr. 2,18; 4,15). Von da her dürfen wir wissen, was Jesus für uns gelitten und auf sich genommen hat. Nicht nur unsere Sünden, auch alle unsere Anfechtungen hat er an sein Kreuz hinaufgetragen und für uns gebüßt!

Wenn wir an seinen Tod denken, wie er es sich bei der Einsetzung des Abendmahls gewünscht hat, sollen wir in Dankbarkeit und Anbetung innewerden: Bei den Angriffen der Finsternismächte in Gethsemane und auf Golgatha *hat Jesus alle unsere Anfechtungen zutiefst erfahren, durchlitten und überwunden.* Dazu gehören alle Begierden, Leidenschaften, Zweifel; alle Selbstsucht, Eitelkeit, Hoffart; alle Schmerzen, Leiden, Ängste; alle Unterdrückung, Zurücksetzung, Verfolgung; alle Verleumdung, Trübsal, Verzweiflung; aller Stolz, Geiz, Neid; aller Haß, Unfrieden, Mord; alle Ungerechtigkeit, Brutalität, Lästerung; alles gegen Gottes Willen Gerichtete. Und jedes hat Jesus so intensiv erfahren und erlitten, daß wir es jahrelang erleiden müßten, um es nachempfinden zu können. Für einen jeden Menschen hat Jesus das auf sich genommen und damit die Welt und den Feind überwunden. Deshalb vermag er in alledem jedem zu helfen, der sich von ihm helfen lassen will. Und wer als Glaubender in Anfechtung gerät, braucht Jesus nur zu bekennen, worum es geht, und ihn um seinen Beistand zu bitten. Jesus kann jedem, der ernsthaft will, die Kraft zur Überwindung der Anfechtung geben. Wer sich danach ausstreckt, wird erfahren, daß es gilt, was die Bibel sagt: »Das Wort vom Kreuz ist eine Gotteskraft uns, die wir selig werden« (1. Kor. 1,18).

Jesu Sterben eine Notwendigkeit

Wir wollen also festhalten: Das Wichtigste am Leben Jesu ist sein Sterben, das Wichtigste an seinem Sterben ist sein Kampf, das Wichtigste an seinem Kampf ist sein Sieg. In diesem Sinne ist Jesu Tod die

Erfüllung seines Lebens, die Vollendung des Auftrags, zu dem ihn der Vater gesandt hatte. *Nicht nur, daß er starb, sondern daß er kämpfend und siegend sein Leben dahingab, ist das Opfer, das er brachte, ist der Grund für unsere Erlösung und für seine Verherrlichung.*

Doch auf welchem Hintergrund spielte sich das alles ab? Warum war es notwendig, daß er ein Leben in Niedrigkeit unter Menschen führte und dann sein Leiden, Sterben und Kämpfen auf sich nahm? Ursache ist das menschliche Verlorensein und der göttliche Wille, jeden Menschen daraus zu erretten. Im Garten Eden war es der erste Adam, der durch seinen Ungehorsam, durch sein Nein zu Gott die Trennung des Menschen von Gott herbeiführte. Diese Sonderung zwischen Mensch und Gott ist die Sünde, in der seitdem alle Menschen leben (Röm. 5,12). *Dieses Nein des ersten Adam ist von Menschen her nicht aufhebbar.* Nur Gott kann es auslöschen. Daher war ein besonderer Weg zu ersinnen und zu bahnen, den Gottes Liebe und Gottes Gerechtigkeit in gleicher Weise gutheißen konnten – ein Weg, auf dem die Errettung der Menschen zu verwirklichen war. Diesen Weg ging Jesus, dieser Weg ist Jesus.

Im Garten Gethsemane hat er als der zweite Adam sein Ja zu Gott gesprochen, indem er nach dem Willen Gottes den Weg zum Kreuz und ans Kreuz ging und sich sein Ja zu Gott auch nicht unter dem mörderischen Ansturm aller Finsternismächte entreißen ließ. *Seitdem gilt, daß eines Menschen Ja zum Ja Jesu für ihn das Nein des ersten Adam aufhebt und in die Gemeinschaft zu Gott zurückführt.* Einen anderen Weg zur Versöhnung mit Gott gibt es nicht (Röm. 5,18; 1. Joh. 2,2; Joh. 14,6). Nur das Ja zum Ja Jesu in Gethsemane und am Kreuz, durch seinen siegreichen Kampf und Gehorsam bis zum Tode besiegelt, gibt uns die Rechtfertigung, die vor Gott gilt (Röm. 5,19).

Kapitel 9: **Der Mensch und sein Gewissen**

Der Mensch vor dem Sündenfall

Als Gott den Menschen schuf, berief er ihn in seine Gemeinschaft und gab ihm sein Personsein. Das geschah, als Gott seinen Odem dem Menschen in die Nase blies (1. Mos. 2,7). An dieser Stelle übersetzt Luther: So ward der Mensch eine lebendige Seele. Hier beinhaltet der Ausdruck »lebendige Seele« weit mehr, als wir heute unter Seele verstehen, vor allem im Bereich der Psychologie. Der Mensch als »Seele«, wie ihn die Bibel versteht, hat Leben aus Gott, ungetrübte Gemeinschaft mit Gott, Zugang zum Unsichtbaren. Alles dies kommt im Bericht vom Paradies konkret zum Ausdruck. Das Personsein ist Kennzeichen der Ebenbildlichkeit. *Wie Gott Person ist, so erhält der Mensch als Gabe von Gott den freien Willen und die Fähigkeit zur eigenen Entscheidung; damit wird er Person.* Während alles in der Schöpfung einem deutlichen »du mußt« unterworfen ist (die Erde kann nicht anders als um sich selbst und um die Sonne kreisen, die Sonne kann nicht anders als den Prozeß der Kernfusion vollziehen, das Samenkorn kann nicht anders als keimen und Frucht bringen, das Tier kann nicht anders als seinem Instinkt folgen), ist der Mensch als einziges Geschöpf des Sichtbaren auch zu einem »du sollst« befähigt. Das ist seine Würde, darin liegt aber auch seine große Verantwortung. Wie die Geschichte der Menschen zeigt, ist Gott mit der Erschaffung dieses Wesens ein großes Risiko eingegangen. Aber er, der allmächtige und weise Gott, war und ist imstande, das Risiko zu tragen.

Wir Heutigen, als Menschen nach dem Sündenfall, können uns nicht vorstellen, was es einmal um die »lebendige Seele« war, die aus Gottes schöpferischem Wort und Geist hervorging. Ich will versuchen, vom jetzigen Zustand her zu verdeutlichen, was bei der Schöpfung des Menschen geschah. Dabei gehe ich vom uns geläufigen Menschenbild aus, nach dem der homo sapiens aus Leib, Seele und Geist besteht. Der Leib als äußere Erscheinungsform und Sitz der Organe, der biologischen Vorgänge und der Kraft, die Seele als Ausdruck der Innerlichkeit, als Sitz der Gefühle und des Empfindens, der Geist als Ausdruck der Persönlichkeit, als Sitz des Verstandes und der Intelligenz bilden zusammen eine Dreiheit *und* eine Ganzheit, die zusammen und jedes für sich wissenschaftlicher Erforschung zugänglich sind und daher dem Sichtbaren angehören. Das Wort »Seele« hat in diesem Zusammenhang eine wesentlich andere, gegenüber der im Schöpfungsbericht und an anderen Stellen der Bibel eingeschränktere Bedeutung.

In einen solchen, nach Leib, Seele und Geist fertigen homo sapiens blies Gott seinen Odem, seinen Geist, und machte ihn dadurch zum »Menschen« im Vollsinn des Wortes, wie ihn die Bibel als »Menschen nach dem Herzen Gottes« versteht. Ich wage daher die Gleichsetzung: Mensch = homo sapiens + pneuma, um damit deutlich zu machen, daß der Streit zwischen Naturwissenschaft und Theologie hier im Grunde nur dadurch bedingt ist, daß beide die Bezeichnung »Mensch« unterschiedlich verwenden. Die Naturwissenschaft spricht von der Entwicklung zum homo sapiens, die Bibel dagegen von der Erschaffung der »lebendigen Seele«, des Menschen vor dem Sündenfall, der durch den Geist Gottes daraus hervorging.

Gottes Geist im Menschen

Die Frage ist nun berechtigt, *wo* im homo sapiens Gott seinen Geist wohnen ließ. Denn weder der Leib noch die Seele noch der Geist des homo sapiens (des natürlichen Menschen) ist fähig, Gottes Geist aufzunehmen. Wir wissen es zum einen aus der eigenen Erfahrung, aus der Zeit des unerlösten Zustandes, wie schwer es der Geist Gottes hatte, uns unserer Verlorenheit und Erlösungsbedürftigkeit zu überführen. Zum anderen sagt es die Bibel, etwa mit den Worten: »Ich weiß, daß in mir, das ist in meinem Fleische, wohnt nichts Gutes« (Röm. 7,18). »Denn das Fleisch streitet wider den Geist und der Geist wider das Fleisch; dieselben sind widereinander, daß ihr nicht tut, was ihr wollt« (Gal. 5,17). »Der natürliche Mensch aber vernimmt nichts vom Geiste Gottes; es ist ihm eine Torheit, und er kann es nicht erkennen, denn es muß geistlich verstanden werden« (1. Kor. 2,14).

Für die Dreiheit »Leib, Seele, Geist« des gefallenen Menschen hat die Bibel die Bezeichnung »Fleisch« oder »natürliches Wesen«. Wenn auch der Mensch nach dem Sündenfall, biblisch gesehen, nicht wieder mit dem homo sapiens identisch wurde, so doch in *der* Hinsicht, daß in beiden nicht der Geist Gottes wohnt. *Sie unterscheiden sich grundsätzlich und wesentlich durch das Gewissen,* von dem gleich die Rede sein soll.

Nach meiner Erkenntnis hat Gott bei der Erschaffung des Menschen dem zu Leib, Seele, Geist und natürlichem Leben voll entwikkelten Wesen (dem homo sapiens) ein nicht-materielles »Organ« als inneres Zentrum gegeben, das zur Aufnahme des Odems, des Geistes Gottes (des pneuma) bestimmt und fähig war. *In dieser Gabe, Geist und Empfangsorgan umfassend, sehe ich den eigentlichen Schöpfungsakt,* der den Menschen über alle andere Kreatur im Sichtbaren heraushob. »Du hast ihn wenig niedriger gemacht als Gott, mit Ehre und Herrlichkeit hast du ihn gekrönt« (Ps. 8,6). Dieses allein dem Menschen eigene innere, geistliche Zentrum wird in der Bibel auch »Herz« genannt, muß aber von dem natürlichen Herzmuskel in der Brust des Menschen wohl unterschieden werden. Das »Herz« gehört nicht dem Sichtbaren an, sondern dem Unsichtbaren. Mit diesem Organ hatte der Mensch nicht nur Anteil am Unsichtbaren, sondern konnte in dieser Wirklichkeit leben und sie so wahrnehmen, wie es ihm bei der sichtbaren Wirklichkeit stets möglich war und ist. Dieses geistliche »Organ« machte ihn zur »lebendigen Seele«. Es bildete die Ganzheit des Menschen im Unsichtbaren, wie Leib, Seele, Geist seine Ganzheit im Sichtbaren darstellen. Dennoch war der Mensch nur Einer. Auch im ersten Adam waren – vor dem Sündenfall – Sichtbares und Unsichtbares unvermischt und ungetrennt vorhanden, so daß er frei in beiden Wirklichkeiten sein und leben konnte.

Das Gewissen des gefallenen Menschen

Durch seinen Ungehorsam gegenüber Gottes Gebot verlor der Mensch die ihm gewährte ungetrübte Gemeinschaft mit Gott. Wie ihm zuvor angesagt war, war sogar sein Tod die Folge, d.h. der *geistliche* Tod: Adam wurde »nackt« (das Unsichtbare wurde ihm genommen) und noch desselben Tages aus dem Paradies vertrieben. *Das geistliche Zentrum in ihm erstarb*, verhärtete sich bis auf einen geringen Rest. Physisch lebte er noch lange weiter, aber nur im Sichtbaren und mit dem Fluche Gottes auf seinem Arbeitsgebiet, dem Acker. Der Rest, der von dem »Herzen« in ihm blieb, ist das, was wir heute »Gewissen« nennen, *ein Wissen um ein ihn verantwortlich machendes Gebot*. Nach wie vor sichert dieser Rest das Personhafte des Menschen (den freien Willen) und bildet – wie ehemals das lebendige »Herz« – die Ganzheit des Menschen (in höchst verkümmerter Form) im Unsichtbaren. Erstorben ist die Fähigkeit, das Unsichtbare wahrzunehmen.

Seitdem hat jeder Mensch, als ein durch die natürliche Geburt von Gott gesondertes, ins Sichtbare gekommenes Wesen in seiner Beziehung zu Gott nur diesen Rest eines einst vollkommenen, infolge des Sündenfalls erstorbenen Organs in sich, *das Gewissen*. Und *seitdem ist dieser Rest gekennzeichnet durch sein Gespaltensein*. Von der ursprünglichen Vollkommenheit her besitzt das Gewissen noch die *absolute Funktion des Urteilens*, daß es kategorisch und unwiderruflich feststellt, wann und wie sein Träger sich falsch verhalten hat. Aber die Urteilsbildung erfolgt wegen der Sonderung von Gott nicht mehr in Übereinstimmung mit dem Willen Gottes. Es besteht vielmehr eine mehr oder weniger starke Abweichung davon. Denn das Gewissen des gefallenen Menschen hält sich an menschliche Entwürfe von Maßstäben und Normen ethischer Art. Es besitzt also eine nur *relative Funktion* hinsichtlich des ›Gesetzbuches‹ (den Maßstäben und Normen), nach denen das Urteil ergeht.

Wenn es sich um die Frage handelt, wie zuverlässig das Gewissen eines Menschen arbeite, ob insbesondere seine Entscheidungen als ›Stimme Gottes‹ gewertet werden können, dann hat man diese doppelte Funktion des Gewissen zu unterscheiden. Die urteilende Funktion stellt das Gewissen noch in den Bereich des Absoluten, aber die Norm, nach der es urteilt, gehört dem Sichtbaren an und ist weithin menschlich geprägt, unter Umständen von Finsternismächten verdunkelt.

Herzplantation am gefallenen Menschen

Dennoch ist das Gewissen nach wie vor der Ansatzpunkt im Menschen, an dem der Geist Gottes arbeitet. Gott will uns über Unruhe, Angst, Schulderkenntnis, Buße, Vertrauen und Verheißung durch sein Wort und seinen Geist zu Jesus führen. Er wirbt um uns in mannigfacher Weise: »Gib mir, mein Sohn, dein Herz« (Spr. 23,26), besonders aber mit der Verheißung: »Ich will euch ein neues Herz und einen neuen Geist in euch geben und will das steinerne Herz aus eurem Fleische wegnehmen und euch ein fleischernes (d.h. lebendiges) Herz geben. Ich will meinen Geist in euch geben und will solche Leute aus euch machen, die in meinen Geboten wandeln und danach tun« (Hes. 36,26–27).

Mit dieser Verheißung wird die »Herzplantation« angekündigt, die Gott mit *jedem* Menschen vorhat. Denn »er will, daß allen Menschen geholfen werde und daß sie zur Erkenntnis der Wahrheit kommen« (1. Tim. 2,4). *Durch sein Wort weckt er uns das Gewissen, daß es in seinen menschlichen Normen erschüttert wird.* Hören wir auf Gottes leises Rufen, gehen auf sein Mahnen ein und kehren uns vertrauensvoll ihm zu, so schenkt er uns den Glauben und mit diesem den Heiligen Geist, der in das erweckte Gewissen einzuziehen beginnt (Eph. 1,13). Es ist jedoch in die freie Entscheidung des Menschen gestellt, ob er, wenn er das Rufen Gottes im Wort der Bibel durch eigenes Lesen oder durch Verkündigung oder auch durch Lebensumstände vernimmt, sich Gott zuwendet. *Der allmächtige Gott zwingt keinen Menschen, sich zu bekehren; aber das Recht, jedem das Gewissen zu wecken, läßt er sich nicht nehmen.*

Ist das unbegreifliche Wunder geschehen, daß sich der Mensch dem Worte Gottes beugt, Gott anerkennt und ihm sich anvertraut, so kann er an Jesus glauben; er ist wiedergeboren (Joh. 3,6–7), deutlicher gesagt: *In ihm ist, vom Worte Gottes gezeugt,* aus dem verhärteten Herzen, dem gespaltenen Gewissen, *ein neues Wesen geboren, der inwendige Mensch.* Dieser ist nun sein geheiltes Gewissen, das für seine Urteilsbildung Gottes Wort als Norm wählt, als Richtschnur für sein Leben. Dieser ist seine Ganzheit im Unsichtbaren und hat Lust am Gesetze Gottes, an seinem Wort und Gebot (Röm. 7,22).

Dieser bittet Gott um Kraft, durch seinen Geist stark zu werden (Eph. 3,16) und zu wachsen in allen Stücken zu dem hin, der das Haupt ist, Christus (Eph. 4,15)! Solange wir auf der Erde sind, dürfen wir in diesem Sinne reifen, aber es kommt nicht wieder zu dem ursprünglichen Zustand des Menschen vor dem Sündenfall. Das erfüllt sich für den Glaubenden erst nach diesem Leben (Off. 2,7). Bis dahin wandeln wir im Glauben, nicht im Schauen.

Psychologie und Glaube

Wer über den inwendigen Menschen zu dem lebendigen Gott gefunden hat, weiß: Wir befinden uns äußerlich in einer Welt (im Sichtbaren), in der alles relativ, begrenzt und vergänglich ist, und rühren in unserem Gewissen an eine völlig anders geartete Welt, an ein Reich des Absoluten, des Ewigen, an das Unsichtbare, in dem Gott ist. Aber – so kann man fragen –, ist diese Erfahrung echt? *Ist es wirklich etwas Absolutes, dem sich mein Gewissen öffnet?* Oder stoße ich nur auf mein eigenes Unbewußtes?

Hier prallen die Erfahrungsbereiche des Glaubens und der psychologischen Erkenntnis hart aufeinander. Wieder ist rational keine Entscheidung möglich. Der psychologisch Interessierte nimmt Regungen des Unbewußten wahr, die die Glaubensentscheidung und Glaubenserfahrungen begleiten, und sieht darin das Ganze des Glaubens. Der Glaubende aber bekennt: Ja, Gott ist, und im Gewissen, das er mir geweckt hat, treffe ich auf ihn, den Absoluten. Mein Glaube ist nicht von mir gewirkt, sondern ist mir geschenkt, ist unbegreifliche Gabe eines Mächtigen, der mich trotz meiner Zweifel angenommen und liebend überwältigt hat.

Nur so entsteht überhaupt Glaube an den lebendigen Gott und an seinen Sohn Jesus Christus. Von einem solchen Glauben her kann dann auch bezeugt werden: Das Wirken Gottes am gefallenen Menschen zeitigt Spuren im Bewußten, mehr noch im Unbewußten des Menschen, die sich etwa als Unruhe, Angst, Einsamkeit, Ungeborgenheit, Verzagtheit, Schuld, Verzweiflung oder Flucht erweisen, aber ebenso als Ruhe, Geborgenheit, Frieden. *Diese Spuren lassen sich psychologisch erkennen, nicht aber ihre Ursache* – das Verhältnis des Menschen zu Gott. Hier stoßen wir wieder auf die Tatsache der Verlorenheit vor Gott, die natürlich nur im Glauben an ihn, von dem der Mensch durch den Sündenfall getrennt ist, erkannt und anerkannt werden kann. Im übrigen zeigt sich auch hier wieder, daß eine Wissenschaft – wie es die Psychologie ist – nur das Sichtbare erforschen, zum Unsichtbaren aber nicht vordringen kann.

Dies gilt für jede der verschiedenen wissenschaftlichen Richtungen der Psychologie. Auf eine von ihnen möchte ich etwas näher eingehen, da ihr Schöpfer, C. G. Jung, seine psychologischen Erkenntnisse auch theologisch zu begründen bestrebt ist. Dabei stütze ich mich auf Ausführungen von R. Affemann.

In der Lehre von C. G. Jung ist der »Schatten« als Summe der womöglich versteckten unvorteilhaften Eigenschaften und mangelhaft entwickelten Funktionen der Inbegriff von negativen seelischen Inhalten des Menschen. Sünde aber als gestörtes Verhältnis zwischen Mensch und Gott ist ein Faktum außerhalb des Menschen. Der »Schatten« ist nicht radikal böse. Jung führt ihn auf einen Mangel an Bewußtheit zurück; er müßte sich also durch Bewußtwerdung überwinden lassen. *Die Bibel dagegen weiß von einem absolut Bösen und zeigt, daß man das Böse nicht durch Aufhellung des unbewußten Motivs, durch Steigerung der Bewußtheit überwinden kann.* R. Affemann betont*:

»Auch wenn der Mensch weiß, daß er sündigt, auch wenn er unter seiner Sünde leidet und von ihr frei werden will, so nützt ihm sein ganzes Wissen nichts, der Gott Ratio kann ihn nicht befreien; all seine Erkenntnis ist ohnmächtig.«

Affemann führt weiter aus: »Wenn nun die Frage aufgeworfen wird, wie dieses unbegreifliche, unvorstellbare Intendieren des Menschen, seine Sünde, zustande kommt, so sagt das biblische Zeugnis, er werde dazu versucht von einer persönlichen Macht des Bösen, dem Teufel. Die Verkündigung vom Teufel ist nun die zweite Linie der biblischen Botschaft vom Bösen. Das Christentum projiziert nicht das ganze Böse entweder in den Menschen oder in Gott, nein, der Mensch sündigt und wird von der bösen Macht dazu versucht. Beide aber sind für ihr Tun verantwortlich . . . Ebenso wie Gottvater und Jesus Christus in der Bibel keine seelischen Wirklichkeiten sind, ebenso ist der Teufel in ihr keine personifizierende Projektion des Schattens. Gerade für den Psy-

---

* R. *Affemann*, Psychologie und Bibel, Stuttgart 1957, S. 61–66.

chologen, der es ja sehr drastisch und eindrucksvoll erlebt, wie moderne Menschen, die den Teufel in ihrem Bewußtsein für ein Ammenmärchen halten, sich dann aber von ihm besessen, an ihn versklavt fühlen, ihn in ihren Träumen erleben und in Visionen sehen, sollte die rationalistische Kritik an einer persönlichen Macht des Bösen als überholt gelten. In der biblischen Verkündigung führt der Teufel ein vom Menschen unabhängiges Dasein.«

Nach Affemann vollzieht sich *die eine Sünde* des Menschen vor Gott, von der die Rede war, *in vielerlei konkreten Gestalten.* Des Näheren urteilt er:

»Diese Gestalten sind inner- bzw. zwischenmenschliche Gegebenheiten. Sie sind für den Psychologen beobachtbar und können von ihm gewandelt werden. Die Ursünde kann sich in unethischen wie in ethischen Formen äußern. Die sündige Verfaßtheit der Menschen kann sich in einem Mord ebenso aktualisieren wie im hochethischen Streben des Menschen, so zu sein wie Gott, so barmherzig, so gerecht, so selbstlos wie er. Die Psychologie vermag die finstern Gestalten gegen helle einzutauschen, die dem Leben des einzelnen und der Gemeinschaft zuträglicher sind. An der Grundintention kann sie aber nach biblischer Lehre nichts ändern . . .

Ähnlich wie in der Bibel kann auch Jung sagen, daß der Schatten – neben der Unbewußtheit – die Bosheit des menschlichen Herzens als Wurzel habe. Wie diese Bosheit nun konkret aussieht, das kann die christliche Verkündigung von Jung lernen. Es ist zwar richtig, daß die Sünde ein *Faktum zwischen* Mensch und Gott ist, es ist aber ebenso richtig, daß sie in konkreten seelischen Einstellungen in Erscheinung tritt. Über allem Betonen, daß man in der Sünde an *Gott* schuldig wird, hat man fast aus dem Auge verloren, wie sich gerade diese Sünde mitten im seelischen Leben und im Leben der Gemeinschaft vollzieht und was sie für sie bedeutet . . . Die christliche Verkündigung aber ist nicht Belehrung, Übermittlung von Ideen, sondern hat die Aufgabe, die letzte Not des Menschen zu beseitigen, und hat dabei an den Zeichen jener Not anzusetzen. Hier aber ist eine christliche Lehre vom Menschen dem Psychologen Jung dafür, daß er konkret gezeigt hat, wie das Böse in der Seele zutage tritt, welche Zerstörungen und Verwüstungen es anrichtet, zu großem Dank verpflichtet.

Auch von seiner Entdeckung, daß vieles an dem Schatten überhaupt nicht böse, sondern nur unentwickelt und verdrängt ist, kann der christliche Glaube lernen. Er wird dadurch aufgefordert, sich zu überprüfen, was alles an der Schöpfung Gottes er als sündig deklariert hat, wieviel gute Gaben Gottes er dämonisiert hat. Durch diese Selbstprüfung wird er erkennen, daß vieles, was er als böse empfand, nicht böse, sondern gut ist und in die Ganzheit der Schöpfung mit hineingehört. Indem aber etwas als böse Verdrängtes als Schöpfung Gottes angenommen wird, geschieht tatsächlich das, was Jung so oft bemerkt: die Wandlung des Schattens.

Festgehalten werden muß jedoch, daß der ganze Schatten auf diese Weise nicht gewandelt werden kann. Die Sünde, welche weitgehend den Kern des Schattens darstellt, ist dem menschlichen Befreiungswerk entzogen. Diese Spannung zwischen Gut und Böse bleibt. Jung hat schon recht, sie ist lebensfeindlich, unerträglich. Der Mensch, der sich ehrlich als böse erlebt und konsequent gut sein will, wird durch diesen entsetzlichen Zwiespalt in den Tod getrieben – oder zur Erlösung vom Bösen durch das Opfer Christi.«

Diese instruktive Stellungnahme von R. Affemann ergänze ich durch ein Wort eines anderen christlichen Psychotherapeuten, K. Graf von Dürckheim*:

> »Das tiefste Wesen des Menschen ist gar nichts anderes als seine Weise der Teilhabe an einem überraumzeitlichen Sein, das durch ihn hindurch offenbar werden will . . . Jeder Versuch, die im Gewissen lebendigen Werte dadurch ihrer Würde berauben zu wollen, daß man ihr Dasein auf psychologische oder soziologische Bedingungen zurückführt, muß auf die Dauer ebenso scheitern wie der komische Versuch, das Wesen der Töne zurückzuführen auf Schwingungsfrequenzen . . . Psychologisch oder soziologisch erklärbar ist immer nur der besondere Inhalt eines erlebten Sollens, nie aber das Unbedingte seiner verpflichtenden Kraft und das innere Leuchten, das eine wesenhafte Werterfahrung besitzt. Uns Menschen ist eingeschrieben ein ›ordre du coeur‹, eine inbildliche Gestalt, die uns als ein Gefüge von Sollungen zu einem ganz bestimmten Leben und zur Verwirklichung eines ganz bestimmten Inbildes anhält. Sein Verwirklichkeitsanspruch besteht ganz unabhängig davon, ob uns das jeweils bequem ist oder nicht, im Augenblick nützlich erscheint oder nicht.«

Der hier von Graf von Dürckheim als »inbildliche Gestalt« bezeichnete »ordre du coeur« ist, biblisch gesehen, nichts anderes als das auf Gott ausgerichtete »Herz«, der inwendige Mensch. Die Teilhabe an einem überraumzeitlichen Sein ist nichts anderes als die Teilhabe am Unsichtbaren.

Beide Stellungnahmen bestätigen, und zwar aufgrund langjähriger Erfahrungen an psychisch labilen, einer Psychotherapie unterzogenen Menschen, daß *einerseits die Sünde und der Böse reale Mächte*

---

* *K. Graf Dürckheim*, Durchbruch zum Wesen, Bern–Stuttgart–Wien 1972.

außerhalb des Menschen sind, andererseits das menschliche Gewissen einer überraumzeitlichen Wirklichkeit angehört. Man kann also nur unter Leugnung von gut gesicherter empirischer Erkenntnis behaupten, daß die bösen oder guten Regungen im Menschen allein vom Menschen her als psychologisch bedingte Vorgänge im Innern oder Projektionen nach Außen verstanden werden müßten. Solche Vorstellungen können, im Sinne von Kapitel 1, vor dem Hintergrund der Realität, nur als naiv bezeichnet werden.

Wer Menschen bei der Verwirklichung ihres eigentlichen Menschseins helfen will, wird mit psychologischen, besonders mit tiefenpsychologischen Methoden einiges erreichen. Wem es dabei aber um mehr geht als um eine »Selbstverwirklichung« des Menschen, d.h. um eine Vertiefung und Verinnerlichung der Persönlichkeit, *muß den Menschen unter der Einwirkung aus dem Unsichtbaren sehen und ihm gezielt seelsorgerlich beistehen.* Und die Seelsorge muß biblisch fundiert sein. Im Anschluß an Kapitel 5, das den Menschen – soweit es um sein Sein im Unsichtbaren geht – im Reich der Finsternis und – sofern er ein an Jesus Glaubender ist – als ein Licht in dieser Finsternis gesehen hat, das sich der Finsternis gegenüber behaupten soll, kann man seine Lage jetzt genauer so kennzeichnen: Es ist der persönliche Gott, der den Menschen als Person, als freies Gegenüber will und zu diesem Ziel über das *Gewissen* des Menschen gerecht und barmherzig die Entfaltung des *inwendigen* Menschen anstrebt. Und es ist der Teufel, der diese Entfaltung verhindern will und zu diesem Ziel – über das *Denken* des Menschen – mit Macht und List am *natürlichen* Menschen arbeitet. Weil der Mensch, nach Gottes Willen, sich dem Handeln Gottes in Freiheit widersetzen kann, hat der Teufel dadurch eine Chance und nutzt sie mit trefflichen Argumenten. Beiderlei Einwirkungen, die von Gott und die vom Teufel ausgehen, kommen aus dem Unsichtbaren und hinterlassen ihre Spuren in Leib, Seele und Geist des Menschen. Diese Spuren können soziologisch und psychologisch beeinflußt werden. Ihre wissenschaftliche Erhellung ist nützlich und hilfreich.

Kapitel 10: **Entstehen von okkulter Belastung**

Die Wirkungsweise Satans

Die knappe Formulierung am Schluß des vorangehenden Kapitels, Gott arbeite über das (erweckte) Gewissen am inwendigen Menschen, der Teufel über das Denken am natürlichen Wesen des Menschen, muß recht verstanden werden. Sie beschreibt wohl zutreffend die Kampfsituation, in der der Glaubende steht. Paulus gibt eine gute Kennzeichnung davon (Röm. 7,18–20): »Wollen habe ich wohl, aber vollbringen das Gute finde ich nicht. Denn das Gute, das ich (der inwendige Mensch) will, das tue ich (der natürliche Mensch) nicht; sondern das Böse, das ich (der inwendige Mensch) nicht will, das tue ich (der natürliche Mensch). Wenn ich aber tue, was ich (der inwendige Mensch) nicht will, so tue nicht ich(der inwendige Mensch) es, sondern die Sünde, die in mir wohnt (d.h. mein der Sünde verhaftetes natürliches Wesen).« Um deutlich zu machen, daß Paulus in diesem Abschnitt von Röm. 7 von den beiden Ich's spricht, die in dem an Jesus Glaubenden aktiv sind, habe ich das »ich« im Zitat jeweils gekennzeichnet.

Doch man könnte die Frage stellen, ob der Teufel wirklich den Menschen über das Denken beeinflußt. Wenn Jesus sagt (Mark. 7,20–21): »Was aus dem Menschen herauskommt, das macht ihn unrein; denn von innen, aus dem Herzen der Menschen, kommen die bösen Gedanken«, so weist er zwar auf die Gedanken hin, die der Böse lenkt, nennt aber als ihren Ursprung das »Herz«. Hier ist jener »Rest« des ursprünglich lebendigen Herzens, das unerweckte Gewissen, gemeint (Kapitel 9). Nun wissen wir aber, *daß das Gewissen des Menschen in seiner relativen Funktion – der Norm, nach der es urteilt – beeinflußbar ist.* Das nutzt der Teufel aus, indem er dem menschlichen Denken hohe oder niedrige ethische Normen eingibt, die den Menschen veranlassen sollen, die Notwendigkeit einer Erlösung nicht einzusehen oder einen Weg der Selbsterlösung zu wählen, auf jeden Fall aber den allein richtigen Weg der Erlösung durch das

Opfer Jesu auf Golgatha abzulehnen. Der Teufel will nicht gute Menschen schlecht und böse Menschen noch böser machen, sondern sucht den Menschen einzureden, daß sie ohne Jesus frei und gut werden können.

Das »Herz« des Menschen, ob noch steinern und abweisend gegen Gottes Wort oder schon erweckt und dem Geiste Gottes geöffnet, gehört auf jeden Fall dem Unsichtbaren an. Im ersten Fall steht es noch unter der Herrschaft der Sünde, ist verstockt und unbußfertig (Röm. 2,5; 2. Kor. 3,14–15), arg und ungläubig (Hebr. 3,12), unverständig und verfinstert (Röm. 1,21; Eph. 4,18). In solchem Zustand sucht es sich eine eigene Norm. Im zweiten Fall ist es vom Worte Gottes getroffen (Apg. 2,37), hat seine Umkehr zu Gott hin vollzogen (Apg. 16,14), ist errettet von der Macht der Finsternis (Kol. 1,13; Gal. 4,7), hat Lust zum Worte Gottes (Röm. 7,22) und hat damit die rechte Norm gefunden.

Weil im (verhärteten) Herzen des Menschen unter der Einwirkung des Wortes Gottes die Entscheidung für oder gegen den lebendigen Gott und damit für oder gegen Jesus zu treffen ist, aber diese Entscheidung in den freien Willen des Menschen gestellt wird (vgl. Apg. 2,37 mit Apg. 7,54), kommt Satan mit einleuchtenden, vernunftgemäßen, das natürliche Wesen ansprechenden Argumenten, um dadurch den Willen des Menschen, für diesen unmerklich, so zu lenken, daß die Entscheidung für Jesus verhindert oder wenigstens aufgeschoben wird. Herzenshärtigkeit besteht bei denen, die Jesus ablehnen, wie bei denen, die Jesus nachfolgen. Jesus rügt sie bei den einen (Mark. 10,5) wie bei den anderen (Mark. 16,14). Auch wenn das Wort Gottes aufgenommen ist und ein Mensch sich für Jesus entschieden hat, sucht der Teufel durch Anfechtungen und Umstände aller Art Zweifel an Gottes Wort und Ungewißheit im Glaubensleben zu wecken, um den Menschen vom Weg in der Nachfolge abzubringen (Mark. 4,15–19). Deshalb braucht der Gläubige die Ermahnung (Hebr. 12,1): »Lasset uns ablegen alles, was uns beschwert, und die Sünde, die uns ständig umstrickt, und lasset uns laufen mit Geduld in dem Kampf, der uns verordnet ist«.

Der Herrschaftsanspruch Satans

Warum und woher Satan die Macht hat oder sich nehmen darf, Menschen an der Entscheidung für Jesus zu hindern oder eine solche sogar rückgängig zu machen, bleibt Geheimnis (vgl. Kapitel 6), wie auch die Bibel alles Nähere um die Person des Bösen verschweigt, d.h. Gott es dem Menschen nicht offenbart hat. *Dieses Geheimnis haben wir in Ehrfurcht zu achten; es ist zweifellos nicht gut für uns, darüber Genaueres zu wissen. Was uns aber die Bibel sagt, haben wir zu bedenken und ernst zu nehmen.* Wenn Jesus in den Abschiedsreden an seine Jünger Satan den »Fürsten dieser Welt« nennt, so will er darauf hinweisen, daß Satan in irgendeiner Weise ein Herrschaftsrecht über die Welt und damit auch über die Menschen hat. Der gleiche Sachverhalt liegt Jesu Auftrag an Saulus vor Damaskus zugrunde (Apg. 26,18): Er sendet ihn unter die Heiden, »aufzutun ihre Augen, daß sie sich bekehren von der Finsternis zum Licht und von der Gewalt des Satans zu Gott«.

Und später bekennt Paulus (Kol. 1,13), daß Gott »uns errettet hat von der Macht der Finsternis und hat uns versetzt in das Reich seines lieben Sohnes«.

Der Glaube an Jesus bewirkt also einen Herrschaftswechsel, der dadurch zustande kommt, daß der Stärkere dem starken Gewappneten in seinen Palast eindringt, ihm den Harnisch nimmt (den Herrschaftsanspruch) und das Seine raubt (Luk. 11,21–22). Dies Wort Jesu umreißt gleichnishaft einen ganz entscheidenden Sachverhalt: Bevor wir zu ihm gehören, so daß er uns als die Seinen kennt (Joh. 10,14), befinden wir uns nicht in einem neutralen Niemandsland, sondern sind Satan untertan, gehören zu dessen »Seinen«, und Jesus muß uns ihm erst entreißen! Verständlich, daß Satan dagegen ankämpft und nicht aufgibt, obgleich er weiß, daß Jesus der Stärkere ist, dem der endgültige Sieg gehört (Matth. 12,20; 1. Kor. 15,55; Off. 19,11ff.; 20,7ff.). Alles Bedrängende und Bedrohende an Manifestationen des Bösen in der Gegenwart (Kapitel 5), alle Verfolgung und Verführung von Gläubigen ist von da her zu verstehen. Der endzeitliche Kampf Satans um seine Herrschaft richtet sich gegen die Gemeinde, den Leib Jesu, und jeder, der zu Jesus gehört, ist bedroht. »Wer

sich läßt dünken, daß er stehe, mag wohl zusehen, daß er nicht falle«
(1. Kor. 10,12).

Immer neu versucht Satan, was Jesus gewonnen hat, ihm mit den
Mitteln der List, der Lüge, der Heimtücke und der Gewalt wieder ab-
zujagen. Er gebärdet sich wie einer, der ein verbrieftes Recht auf Be-
herrschung der Menschen hat. Wie Shylock im *Kaufmann von Ve-
nedig* besteht er skrupellos auf seinem »Schein«. Diese Hartnäckig-
keit bedarf im Kampf des Gläubigen gegen Bedrohung durch Satan
oder die Mächte der Finsternis unter Umständen einer besonderen
Seelsorge.

Die biblische Kennzeichnung Satans

Der biblische »Steckbrief« für Satan umfaßt im wesentlichen *sechs
charakteristische Züge*. Er ist der »Fürst dieser Welt« (Joh. 12,31;
14,30; 16,11). Er ist der »Mörder von Anfang« (1. Mos. 3,4.19; Joh.
8,44; 10,10a). Er ist der »Vater der Lüge« (2. Chron. 18,21; Joh.
8,44; Apg. 5,3; 2. Kor. 11,14; 2. Thess. 2,9). Er ist ein »fried- und
ruheloser Geist« (Jes. 48,22; 57,20–21; Luk. 11,24). Er ist ein »unsauberer Geist« (Matth. 10,1; Mark. 1,26; 3,11; 9,25; Luk. 11,24a).
Er ist der »Feind und Widersacher Gottes« (Matth. 13,25.39; Mark.
8,33; Luk. 10,19; Apg. 13,10; 1. Petr. 5,8).

Weitere Schriftstellen sind als Nachweise möglich; die angegebenen mögen genügen. Viele der genannten Wesenszüge zeigen sich
auch in den Geistern, die zum Heer Satans gehören und in der Bibel
böse Geister, Engel Satans oder Dämonen genannt werden (Kapitel
7). Sie unterstehen Satan und handeln auf seine Weisung. O. Michel* unterscheidet daher im biblischen Befund zunächst Satanisches
und Dämonisches. Er sieht im Wesen des *Satanischen vor allem Versuchung, Verführung und Anklage*, im Wesen des *Dämonischen vor
allem Übersteigerung, Mißbrauch und Verfall von Begabungen*
(hierzu wäre auch Krankheit zu rechnen). Er erkennt aber im endzeitlichen Geschehen eine Steigerung und Maßlosigkeit, die Satanisches
und Dämonisches zu einer einzigen Macht zusammenwachsen läßt.

* *O. Michel und A. Fischer*, a.a.O., S. 35, 76/77.

Damit verschärft sich die Situation zwischen Gott und Mensch.

Wenn Satan sich im Sichtbaren – in, mit und unter den Menschen – auch als der »Diabolos«, der Durcheinanderwerfer, erweist, im Unsichtbaren ist das Reich der Finsternis eine Herrschaft, ein Haushalt des »Bösen« (Mark. 3,24–27) mit einer inneren Gesetzmäßigkeit und Zielsetzung. Die Bilder der Bibel zeigen eine Ordnung an, die nur durch Einbruch und Gewalt aufgelöst werden kann. Ohne diese innere, uns verborgene, aber sich stets enthüllende Ordnung ist das Geheimnis des Bösen nicht zu verstehen*.

Der satanische Einfluß

Die für Satan und die Dämonen charakteristischen Wesenszüge finden sich, vereinzelt oder gehäuft, in mannigfacher Ausprägung auch bei Menschen, die unter satanischem Einfluß stehen. Dieser Einfluß umfaßt ein ganzes Spektrum von Möglichkeiten. Am stärksten zeigt er sich bei Menschen, die sich *aus freier Entscheidung durch Wort und Handlung dem Machtbereich des Bösen unterstellen und verpflichten*. Daß es das auch in der Gegenwart und in starkem Maße gibt, ist Tatsache (Kapitel 5). Die Worte und Handlungen, so betont O. Michel, erweisen sich als wirksam: man tritt unter den Zwang des Satanischen und verliert die von Jesus geschenkte Freiheit. Man trennt sich vom Evangelium und hat einen Abscheu vor allem, was konkret, zeitlich und leiblich mit Gott selbst zusammenhängt. Gleichzeitig bindet man sich an Aussichten und Erwartungen im Bereich des Satanischen selbst. Daß in diesem Bereich Machtwirkungen möglich, ja, selbstverständlich sind, muß ausdrücklich zugestanden werden**. Je nach dem Grad der Hingabe und Verpflichtung kommt es zu einem totalen oder weniger starken Einfluß satanischer Mächte, bewußt oder unbewußt, aber in und bei vollem Bewußtsein.

Eine andere Möglichkeit ist die der *Besessenheit*, die im allgemeinen ohne Wissen und Willen des Betroffenen besteht. Ein oder mehr böse Geister fahren ein, d.h. nehmen vom Unsichtbaren her Besitz vom Geist des Menschen und beherrschen von dort aus sein Denken,

---

*   O. Michel und A. Fischer, a.a.O., S. 75.
**   O. Michel und A. Fischer, a.a.O., S. 76.

Wollen und Handeln. Zeitweise treten Bewußtseinstrübungen, Trancezustände auf. Es kann dazu kommen, daß der ganze Leib erfaßt und mit großer Kraft ausgestattet wird. Die Besessenheit kann ein Zustand von Dauer, aber auch ein Zustand sich wiederholender Phasen sein. Der Betreffende braucht im alltäglichen Leben nichts Auffallendes an sich zu haben, ist aber im Geheimen an okkulten Praktiken beteiligt und hat Weisungen finsterer Mächte auszuführen. Eine schwächere Form ist die der *Umsessenheit*, bei der der satanische Einfluß noch ungebrochen, aber bereits in bestimmte Schranken gewiesen ist. Die nächstschwächere Form ist die der *okkulten Bindung* oder *Belastung*. Sie kann bei Menschen entstehen, die passiv oder geringfügig aktiv an okkulten Praktiken teilhaben oder teilhatten. Auch Verwünschungen anderer, die ihnen schaden wollen, können dazu beitragen. Schließlich können sie auch auf dem Weg einer geistlichen Vererbung von Vorfahren übertragen werden. Wie sie sich auswirken, wird im folgenden noch näher behandelt.

Schließlich besteht noch die ungeheure Vielzahl von Möglichkeiten auf dem Gebiet der Versuchungen und Anfechtungen. Sie gehen letzten Endes ebenfalls von Satan aus und zielen auf Leib, Seele und Geist des Menschen. Hierauf bin ich an anderer Stelle genauer eingegangen[*].

So gewaltig sich die Macht Satans in all diesen Möglichkeiten seines Einflusses erweisen kann, es gilt dennoch: *Nichts davon kann bestehen, sobald es vor Jesus gebracht wird*. Satan *ist* überwunden. Jesus hat ihn im Kampf am Kreuz besiegt (Kapitel 8). Die Macht des Namens Jesu und die Kraft des Blutes Jesu sind stark genug, um jeden noch so gewaltigen Einfluß Satans zu brechen. Davon berichtet nicht nur die Bibel, auch Berichte von den Missionsfeldern geben reiches Material über Befreiungen von Zauberern und Besessenen und Vernichtung von Angriffen des Feindes durch die Kraft Jesu.

Entscheidend wichtig ist noch folgender Hinweis. Die hier geschilderten satanischen Einflußerscheinungen können ununterscheidbar ähnlich bei bestimmten geistigen oder seelischen Erkrankungen wie Schizophrenie, Psychopathien, Psychosen, Neurosen, Depressionen

---

[*] H. Rohrbach, Anfechtungen und ihre Überwindung, 4. Aufl., Wuppertal 1976.

u.a. auftreten. Das liegt an der List und Heimtücke Satans, der sich verbirgt, um umso ungestörter seine verderblichen Ziele verfolgen zu können. *Medizinische oder tiefenpsychologische Kriterien zur Unterscheidung gibt es nicht.* Das beruht auf der Tatsache, daß Satan in seinem Wirken wissenschaftlich nicht greifbar ist. Für eine zutreffende Diagnose, ob psychische oder dämonische ›Erkrankung‹ vorliegt, bedarf es geistlicher Vollmacht, insbesondere der Gabe der Geisterunterscheidung (1. Kor. 12,10). Vor allen Dingen muß dringend davor gewarnt werden, daß ein so oder so Erkrankter sich selbst diagnostiziert. Ist eine Diagnose erforderlich und der Erkrankte im Glauben bereit, sich der Kraft Jesu anzuvertrauen, so ist unbedingt ein gläubiger Arzt oder ein erfahrener Seelsorger in Verbindung mit einem dafür offenen Arzt zu konsultieren.

Mögliche Arten okkulter Belastung

In Anlehnung an die sechs Wesenszüge, die die Bibel Satan und seinen Dämonen zuschreibt, zeigen sich entsprechende Eigenschaften und Zustände bei Menschen, die unter einen besonderen Einfluß Satans geraten sind. Da zunächst alle Menschen seiner Herrschaft unterworfen waren, treten diese Zeichen mehr oder weniger bei jedem auf. Ich beschränke mich hier auf okkult Behaftete, betone jedoch, daß die nachstehende systematische Aufzählung erstens nicht so verstanden werden darf, als ob alle Kennzeichen gesammelt auftreten könnten, und zweitens nicht dazu benutzt werden darf, sich selbst ohne Seelsorger einzustufen. Man hat stets die logisch richtige Richtung zu beachten: *Wenn* jemand okkult belastet ist, *kann* die eine oder andere der nachstehend aufgezählten Eigenschaften verstärkt auftreten. *Nicht aber umgekehrt*, als ob einer, bei dem eins dieser Kennzeichen beobachtet wird, deshalb okkult belastet sei! Gläubige, die noch nicht lange im Glauben stehen oder noch nicht genügend im Glauben gefestigt sind, neigen leicht zu dieser falschen Schlußweise.

Ich ordne nach den oben angegebenen sechs Merkmalen.

1. Herrschsucht, Geltungsstreben, Stolz, Hochmut, Ehrgeiz, Ruhmsucht, Rücksichtslosigkeit, Habenwollen, Nichtloslassen, Ansichreißen, Geiz, Neid, Prunksucht, Genußsucht, Menschenvereh-

rung sind Eigenschaften, die dem »Fürsten dieser Welt« entsprechen.

2. Streitsucht, Jähzorn, Haß, Eigensinn, Unversöhnlichkeit, Lieblosigkeit, Brutalität, Bosheit, Richtgeist, üble Nachrede, Rufmord, Sadismus, Selbstbeschädigung, Neigung zu und Vollzug von Selbstmord, Mordgelüste sind Eigenschaften, die dem »Mörder von Anfang« entsprechen. Hinzuzurechnen sind Erlebnisse mit Todesfolge, die einen »überkommen« können, wie Trunksucht, Drogenabhängigkeit, Unglücksfälle, selbstverschuldete schwere Erkrankungen.

3. Lust oder Zwang zum Lügen, Verheimlichen, Heuchelei, Tücke, Täuschung, List, Ausflüchte, Angeben, Verblendung, Selbstgerechtigkeit, Irreführung, Irrlehre, Irrglauben, Mißtrauen, Verschlossenheit sind Eigenschaften, die dem »Vater der Lüge« entsprechen.

4. Friedlosigkeit, innere und äußere Unruhe, Angst, Sorgengeist, Ungeduld, Kritiksucht, Aufregung, Depressionen, Selbstvorwürfe, Minderwertigkeitsgefühle, falscher Eifer, Kompensationsbestreben sind Eigenschaften, die dem »friedlosen Geist« entsprechen.

5. Unkeuschheit, freie Liebe, Ehebruch, Hurerei, Selbstbeflekkung, Entblößungssucht, Selbstbefriedigung, Zuchtlosigkeit, Homosexualität, neue Moral, sexuelle Perversionen, dies alles (aktiv oder passiv geübt oder auch nur in Gedanken damit spielend oder Gefallen daran habend) sind Eigenschaften, die dem »unsauberen Geist« entsprechen.

6. Unlust zu Gottes Wort, Meiden von Gottesdienst, von Bibelstunde, Bibellesen, Abendmahl, Gebet, im Gottesdienst Unkonzentriertheit, Nichtzuhörenkönnen, Kirchenschlaf, Kleinglaube, Zweifel, Mangel an Heilsgewißheit, Selbstbestrafen, Nichtvergebenkönnen, Verstockung, Lästergedanken sind Eigenschaften, die dem »Widersacher Gottes« entsprechen.

Diese Kennzeichen sind zur Genüge bekannt. Sie gehören zum natürlichen Wesen des gefallenen Menschen und können sich in Gedanken, in Worten und in Taten äußern. Die Bibel spricht zusammenfassend von einem »fleischlichen« Wesen, da es im Gegensatz zu dem gottgewollten geistlichen Wesen steht, dem Wesen des »inwendigen« Menschen. Auch Menschen, die schon zum Glauben an Jesus gekommen sind und ein Glaubensleben führen wollen, hängt oft noch viel von diesem fleischlichen Wesen an, wie Eierschalen. Paulus schreibt den Korinthern, denen er eineinhalb Jahre lang die volle Botschaft von der Erlösung durch Jesus verkündigt hatte: »Ich, liebe Brüder, konnte auch mit euch nicht reden als mit geistlichen Menschen, sondern als mit fleischlichen, wie mit jungen Kindern in Christus« (1. Kor. 3,1).

Mögliche Ursachen für okkulte Belastung

Um darüber etwas auszusagen, ob die (vorhin als falsch gekennzeichnete) umgekehrte Schlußweise in Ausnahmefällen zulässig ist, d.h. ob aus dem einen oder anderen verstärkt auftretenden Merkmal der Gruppen 1. bis 6. auf eine besondere satanische Beeinflussung, auf eine okkulte Belastung geschlossen werden kann, bedarf es einer sorgfältigen und behutsamen Anamnese. In dieser wäre zu klären, ob und wie weit der Betroffene oder seine Voreltern (sofern er etwas darüber weiß) Verbindung zu einer der nachstehend genannten vier Quellen haben oder gehabt haben. In diesen Quellen *können* mögliche Ursachen verborgen liegen.

1. Eine erste Quelle sind die ethisch-religiösen Geheimbünde wie Freimaurerlogen, Rosenkreuzorden, auch deren Neubildungen wie AMORC (antiquus mysticus ordo rosae crucis), ferner Logen der Weisheit, Geistige Logen u.ä. Sie arbeiten vorwiegend spiritistisch oder medial.

2. Eine zweite Quelle sind die atheistischen Weltanschauungen wie Kommunismus, Nationalsozialismus, Maoismus u.a. sowie die damit verbundenen Personenkulte. Sie verbieten und verhindern die Anbetung Jesu und des lebendigen Gottes.

3. Eine dritte Quelle ist die weiße Magie, die viel mit »biblischen« und »christlichen« Vokabeln umgeht und »göttliche« Hilfe oder »göttlichen« Frieden zu vermitteln verheißt. Sie rückt Jesus aus dem Zentrum und stellt zusätzliche Forderungen für die Gewinnung des »Heils«. Hierzu gehören Christliche Wissenschaft, Anthroposophie, Heilungsapostel und ihre (oft organisierten) Anhängerscharen, viele Sekten, manche schwarmgeistige, pfingstlerischen Bewegungen, Einheitsreligionen wie die Bahai-Religion oder die Vereinigungskirche, die modernen meditativen Bewegungen asiatischen Einflusses

u.a. Vorsicht ist aber auch mitunter geboten im Raum der Kirchen, sobald es nicht mehr allein um Jesus, den Auferstandenen und Gekreuzigten, geht, der allein das Heil gewirkt hat, allein der Mittler zwischen Gott und den Menschen ist, dem allein die Ehre gebührt.

4. Eine vierte Quelle ist die schwarze Magie, die direkt zu den Mächten der Finsternis Verbindung aufnimmt und vermittelt. Zu ihren Praktiken gehören Zauberei, Wahrsagen, Pendeln, Besprechen, Bepusten und andere magische Heilungsbräuche, Tischrücken, Glasrücken, Ouija-Brett, Spiritismus, Totenbefragen, mediale Begabung oder Betätigung, Horoskope, Himmelsbriefe, Amulette und andere »Schutz«-Mittel, Verwünschen, Verflüchen, schwarze Messen u.a. Hinzu kommen die zahllosen »Riten« des Aberglaubens: Daumendrücken, Bleigießen, Hals- und Beinbruch wünschen, mit »Unberufen« an Holz klopfen, Toi-toi-toi wünschen, Glücks- und Unglückstage, Glücks- und Unglückszeichen, Maskottchen und vieles andere.

Auch für diese Aufzählung gilt, daß sie nur *Möglichkeiten*, Beispiele, Hinweise und Warnungen gibt. In einem konkreten Fall müssen sie mit einem erfahrenen Seelsorger offen durchgesprochen und im Gebet vor Jesus gebracht werden, *ehe das Bestehen einer okkulten Belastung ausgesagt werden darf.*

Es ist gleichgültig, ob man die Teilhabe oder das Mitmachen bei den aufgeführten Gruppen und Praktiken *ernst nimmt oder nicht, ob man an eine Wirkung glaubt oder nicht*, ob man *aktiv* oder *nur passiv* daran beteiligt ist oder war. Es widerspricht alles dem eindeutigen Gebot Gottes, und er warnt uns nur zu unserem Besten. Er will nicht, daß wir in Abhängigkeit von der Macht der Finsternis geraten.

Biblische Warnung

Dieses ganze Kapitel orientiert sich an der biblischen Warnung, die Gott durch Mose dem Volke Israel geben ließ (5. Mos. 18,9–15): »Wenn du in das Land kommst, das dir der Herr, dein Gott, geben wird, so sollst du nicht lernen, die Greuel dieser Völker zu tun, daß nicht jemand unter dir gefunden werde, der seinen Sohn oder seine Tochter durchs Feuer gehen läßt oder Wahrsagerei, Hellseherei, geheime Künste oder Zauberei treibt oder Bannungen oder Geisterbeschwörungen oder Zeichendeuterei vornimmt oder die Toten befragt. Denn wer das tut, der ist dem Herrn ein Greuel, und um solcher Greuel willen vertreibt der Herr, dein Gott, die Völker vor dir. Du aber sollst untadelig sein vor dem Herrn, deinem Gott. Denn diese Völker, deren Land du einnehmen wirst, hören auf Zeichendeuter und Wahrsager; dir aber hat der Herr, dein Gott, so etwas verwehrt. Einen Propheten wie mich wird dir der Herr, dein Gott, erwecken aus dir und aus deinen Brüdern; dem sollt ihr gehorchen.«

Hier wird dem Volk Israel durch Mose eine Warnung des lebendigen Gottes gegeben. Sie sollen sich nicht auf das Brauchtum der Umwelt einlassen. Diese Umwelt wird Gott dereinst um der gottwidrigen Bräuche willen vernichten. Entsprechend gilt heute den Gläubigen die Warnung als dem neuen Gottesvolk, das Gott aus der Knechtschaft unter die Macht der Finsternis und der Sünde herausgeführt hat. *Auch wir sollen uns nicht auf die Bräuche und Gepflogenheiten der Welt um uns einlassen, auch wenn sie sich uns geradezu aufdrängen* (vgl. Kapitel 5). Wir sollen uns auch nicht durch geschickte Tarnung mit Kreuzschlagen und Anrufen der ›drei höchsten Namen‹ blenden lassen. Es ist Finsternis, auch wenn sie sich verstellt (2. Kor. 11,13–15), und wir sollen uns dieser Welt nicht gleichstellen. Sie vergeht und wird am Ende der Zeit mitsamt der Finsternis von Gott vernichtet werden (Off. 20,12.14.15). Den durch Mose angekündigten Propheten hat er aus dem Volke Israel erweckt: Jesus Christus. An ihn allein sollen wir uns halten. Ihm allein sollen wir gehorchen. *Er allein kann uns jederzeit und überall in jeder Lage die Hilfe geben, die wir brauchen.*

Kapitel 11: **Befreiung von okkulter Belastung**

Eine notwendige Ordnung

Ist nach sorgfältiger Prüfung und unter Gebet erkannt, daß jemand unter okkulter Belastung steht – wobei auch hier zu empfehlen ist, daß möglichst *zwei* Seelsorger sich die Gewißheit haben schenken lassen (Matth. 18,19) – so soll im Namen Jesu eine Absage an den Teufel gebetet werden, die mit einer Hingabe an Jesus verbunden ist. Näheres hierzu folgt.

O. Michel schreibt*: »Es gehört zur Vollmacht Jesu, zur Kraft seines Namens, satanische Macht zu brechen. Aber auch dies Brechen hat seine Ordnung: das Geheiligtsein des helfenden Zeugen (Joh. 17,17–19) und die Willigkeit, die Hilfe anzunehmen. Entscheidend sind a) das Bekenntnis der Schuld, b) die ausdrückliche Buße und Absage, c) das Anrufen des Namens Jesu. Das bloße Sichsträuben bzw. Leidtragen, das gewissensmäßig den satanischen Zerstörungsprozeß begleiten kann, genügt nicht zur Brechung von Gewalt. Wer einen Bund mit dem Satanischen geschlossen hat, muß diesen Bund unter *Gegenwart von Zeugen* absagen.« Ich führe Näheres hierzu aus meiner Sicht aus.

Die Willigkeit des Belasteten

Der die Hilfe braucht, der Belastete, wird sicher wünschen, daß ihm die Last genommen wird. *Entscheidend aber ist, ob er sie sich von Jesus nehmen lassen will.* Das setzt voraus, daß er an Jesus glaubt oder zumindest bereit ist, sich Jesus für sein weiteres Leben anzuvertrauen. Der Absage, die er zu beten hat, *muß* eine Hingabe an Jesus folgen, und die Hingabe muß aufrichtigen Sinnes geschehen. Solange das nicht voll gesichert ist, darf das Absagegebet nicht angeboten werden. Der Seelsorger muß dem Belasteten deutlich sagen, daß *er*

---

* *O. Michel und A. Fischer, a.a.O., S. 76.*

keine Hilfe geben kann, daß Hilfe nur von Jesus kommen könne. Um diese darf gebetet werden, jedoch nicht so sehr aus selbstsüchtigen Gründen (um Befreiung zu erfahren), sondern in erster Linie dazu, *daß Jesu Name verherrlicht wird*.

Ist die Willigkeit, sich von Jesus helfen zu lassen, beim Belasteten nicht vorhanden, so kann die Seelsorge nur mit *dem* Ziel weitergeführt werden, ihn zum Glauben an Jesus zu führen. Bei der Absage geht es ja auch um Sündenerkenntnis, um echte Reue und Buße, um Bekennen von Schuld. Gegebenenfalls sollte sich für den Belasteten ein Gebetskreis bilden, der (ohne ihn selbst) nur für dieses Nahziel betet. Doch müssen die Glieder des Gebetskreises wissen, daß sie sich damit in einen Kampf mit der Finsternis einlassen. Sie sollen daher, ebenso wie der helfende Seelsorger, geheiligte Gläubige sein.

Hat der Seelsorger den festen Eindruck, daß der Belastete sich von Jesus helfen lassen will, aber, eben aufgrund seiner Belastung, das nicht zum Ausdruck bringen kann oder zu bringen wagt, so besteht die Möglichkeit, als erstes die Hingabe an Jesus mit ihm zu beten und erst danach die Absage an den Teufel. Es kann auch sein, daß der Belastete die Worte des Absage- und des Hingabegebetes – die ihm vorzusprechen sind – nur schwer, nur zögernd und mit langen Pausen hervorbringt. *Dann darf er auf keinen Fall gedrängt werden.* Der Seelsorger und anwesende Zeugen müssen in solcher Lage in der Stille Jesus anrufen, daß er dem Belasteten die Kraft und die Fähigkeit zum Gebet – zur Absage und zur Hingabe – schenke.

Das Geheiligtsein der Helfer

Jesus betet für seine Jünger (Joh. 17,17–19): »Vater, heilige du sie in der Wahrheit; dein Wort ist die Wahrheit. Gleichwie du mich gesandt hast in die Welt, so sende ich sie auch in die Welt. Ich heilige mich selbst für sie, auf daß auch sie geheiligt seien in der Wahrheit.« Dies zeigt den großen Unterschied zwischen Jesus und uns. Er allein kann sich selbst heiligen und hat es getan. *Wir dagegen müssen, und zwar durch ihn, geheiligt werden.* Was unsere Heiligkeit ausmacht, ist die Wahrheit, das Wort Gottes, d.h. Jesus selber. So wie Jesus ganz mit dem Vater verbunden war, müssen wir ganz mit Jesus verbunden sein, wenn wir wahrhaft für ihn wirken können wollen. Wahrheit ist auch der Gürtel, der als erstes mit der Waffenrüstung Gottes (Eph. 6,14) angelegt werden soll. Nur im festen Gegründetsein in Jesus, im Worte Gottes haben wir den Schutz gegen den, der der Vater der Lüge ist. Dieser legt es stets darauf an, Jesus die Ehre zu nehmen. Da er an ihn selbst nicht heran kann (Joh. 14,30), tut er es in der Weise, daß er sich an Jesu Jünger hält und diese stolz, eingebildet und selbstbewußt macht – so, als ob *sie* das Wunder der Befreiung oder Heilung oder Bekehrung vollbracht hätten oder vollbringen könnten. Damit jedoch verlassen sie den Boden der Wahrheit und verlieren ihre Heiligung. Zum festen Gegründetsein der Jünger Jesu in ihrem Herrn gehört die volle Unterordnung: die volle Hingabe, der volle Gehorsam, die volle Liebe, die alles fahren läßt, auf daß nur er, der Herr, verherrlicht, ihm allein die Ehre gegeben wird.

Alles das sind Voraussetzungen, um im Segen für Jesus wirken zu können. *Aber erzwungen werden kann besondere Vollmacht nicht. Sie ist nur Gabe und auch nicht Gabe auf Dauer.* Sie kann von Jesus gegeben und auch wieder genommen werden. Im allgemeinen führt er Menschen, denen er Befreiung von okkulter Belastung schenken will, zu seiner Zeit einem bevollmächtigten Seelsorger zu. Dieser sollte selbst von okkulter Belastung losgesprochen sein (Matth. 15,14b) und durch Geistesleitung erkennen können, daß alles bereit ist (Joh. 16,13).

Voraussetzungen beim Belasteten

Wie schon eingangs bemerkt, ist Glaube an Jesus als den Erlöser und Herrn erforderlich und die Bereitschaft, von ihm her – nicht von einem Menschen – die Hilfe zur Verherrlichung seines Namens anzunehmen. Der Seelsorger muß sich hierüber unter Gebet die geistliche Gewißheit schenken lassen, unter Umständen nach Rücksprache und Gebet mit einem anderen Seelsorger.

Weitere Voraussetzung beim Belasteten ist die Erkenntnis der okkulten Belastung im eigenen Leben wie bei den Vorfahren, gegebenenfalls auch beim Ehepartner und seinen Vorfahren. Die Erkenntnis wird selten vollständig sein. Es ist wie bei einer Beichte: nur das, was bekannt ist, ist zu bekennen, das aber wahr und vollständig. Ängstlichem Nachforschen soll der Seelsorger wehren. Aber die Erkenntnis muß mit der Einsicht in die eigene Schuld bzw. Schuldverhaftung verbunden, der aufrichtige Wille zur Buße und Beichte vor Jesus vorhanden sein. Die Absage wird im Einverständnis mit dem Belasteten in Gegenwart von Zeugen gebetet.

Die eigentliche Absage und Hingabe

Ist die Beichte erfolgt und ist sich der Seelsorger nach Zuspruch der Vergebung im Namen Jesu gewiß, daß alles für die Absage bereit ist, wiederum: ist er sich darüber auch mit einem Bruder oder einer Schwester einig geworden (Mark. 6,7), so darf die Absage gebetet werden. Ich empfehle, daß alle Anwesenden dazu niederknien zum Zeichen, daß sie sich gemeinsam vor Jesus beugen. Das Gebet gliedert sich in vier Teile:

a) *Vorbereitendes Gebet* des Seelsorgers zur Reinigung der Anwesenden und des Raumes durch das Blut Jesu und Bitte um den Schutz seiner Engel zur Bewahrung vor dem Bösen.

b) *Beten der Absage und der Hingabe* durch den Belasteten, wobei der Seelsorger das Gebet in kleinen Abschnitten vorspricht.

c) *Lossprechung* des Belasteten im Namen Jesu durch den Seelsorger.

d) *Dankgebet* des Seelsorgers und (nach Vermögen) auch des ehemals Belasteten und nun Befreiten. *Gemeinsames Danklied*.

Die Gebete zu a) und d) sind freie Gebete des Seelsorgers. Für b) benutze ich folgende Fassung in drei Zielrichtungen (die Schrägstriche zeigen mögliche Unterteilung beim Vorsprechen an):

Herr Jesus Christus, in deinem Namen sage ich mich los / vom Teufel und all seinen Werken und all seinem Wesen. / Nichts mehr soll mich an ihn oder seine Mächte binden.

Herr Jesus Christus, in deinem Namen sage ich mich los / von jedem Einfluß der Macht der Finsternis, / der durch meine Eltern und Voreltern auf mich gekommen ist.

Herr Jesus Christus, in deinem Namen sage ich mich los / von allen Dingen des Aberglaubens, / mit denen ich selbst bewußt oder unbewußt zu tun gehabt, / auf die ich selbst bewußt oder unbewußt mein Vertrauen gesetzt habe.

Hier ist im einzelnen zu nennen, was der Betende getan und worauf er sich eingelassen hat, auch was an ihm als Kind geschehen ist. Im übrigen mag auch dies Gebet der Seelsorger in den angegebenen Linien nach eigener Form gestalten. Es geht nicht um eine magische Formel, sondern um ein Beten in Vollmacht.

Hieran schließt sich das Hingabegebet, das ebenfalls vom Seelsorger vorzusprechen ist:

Ich übergebe mich dir, Herr Jesus, als dein Eigentum / für Zeit und Ewigkeit. / Niemand und nichts anderes soll über mich herrschen, / nur du allein. / Hilf mir bitte, daß ich in deinem Licht wandeln kann. Amen.

Auf Absage und Hingabe erfolgt durch den Seelsorger die Lossprechung im Namen Jesu. Sie gehört dazu wie der Zuspruch der Vergebung zu einer Beichte. Ich benutze für c) folgende Fassung:

Herr Jesus Christus, du hast deinen Jüngern Weisung und Vollmacht gegeben: Was ihr auf Erden lösen werdet, soll auch im Himmel gelöst sein; was ihr auf Erden binden werdet, soll auch im Himmel gebunden sein. Auf dieses dein Wort hin löse ich jetzt in deinem Namen diesen Bruder . . . (diese Schwester . . .) von allen Bindungen und Belastungen durch die Macht der Finsternis, in denen er (sie) noch gefangen ist. Ich löse ihn (sie) davon und binde alles, womit er (sie) bisher belastet war, in deinem Namen an dein Kreuz, für Zeit und Ewigkeit. Amen.

Im Anschluß an das dann folgende Dankgebet d), das sich etwa an Jesu Zusage ausrichtet »Wen der Sohn frei macht, der ist recht frei« sollte gemeinsam ein Dank- oder Loblied gesungen werden, z.B.: Daß Jesus siegt, bleibt ewig ausgemacht, sein wird die ganze Welt, oder: Jesus ist kommen, Grund ewiger Freude.

Sonderfälle

Jesus ist Herr, und wenn er auch seinen Jüngern Weisung und Vollmacht gegeben hat, daß sie für ihn wirken sollen, so kann er doch jede Ordnung durchbrechen, um uns deutlich zu machen, *daß keine Ord-*

nung Routine werden darf, sondern immer wieder neu von ihm her mit Leben gefüllt werden muß. Man denke an Jesu Haltung gegenüber den Pharisäern hinsichtlich des Sabbatgebots (Mark. 2,27–28): »Der Sabbat ist um des Menschen willen gemacht und nicht der Mensch um des Sabbat willen. So ist des Menschen Sohn ein Herr auch über den Sabbat.«

In diesem Sinne kann es geschehen – und ist nach meiner Erfahrung auch geschehen –, daß Jesus die Befreiung von okkulter Belastung schon nach der Beichte der belastenden Dinge schenkt oder nach der Beichte aufgrund einer vollmächtigen Fürbitte um Befreiung, ohne daß die Absage und Hingabe nach der hier gegebenen Ordnung gebetet zu werden brauchte.

Ist jemand *verwünscht oder verflucht* worden, so ist dies sowohl in die Absage wie in die Lossprechung ausdrücklich aufzunehmen. Besteht keine Gewißheit darüber, aber eine Vermutung oder Möglichkeit, so ist es demgemäß zu berücksichtigen, etwa in der Form: »Sollte ich verwünscht worden sein oder ein Zauber oder ein Fluch auf mir liegen, so sage ich mich im Namen Jesu davon los. Die Kraft seines Blutes mache Verwünschung, Fluch, Zauber zunichte.« Entsprechendes ist in der Lossprechung zu beten.

Ist jemand *geistig unmündig*, sei es als Kind (bis etwa zum Eintritt der Pubertät) oder als Pflegefall (im hohen Alter oder als geistig Behinderter) und es besteht eine okkulte Belastung oder kann als höchstwahrscheinlich angenommen werden, so kann eine stellvertretende Absage und Hingabe erfolgen. In dem Gebet zu b) ist jeweils hinter ›sage ich mich los‹ einzufügen: ›stellvertretend für . . .‹ unter Nennung des Namens. Bei der Hingabe bete man:

Ich übergebe dir, Herr Jesus, mein Kind . . . (meine Mutter . . ., mein Patenkind . . .) / als dein Eigentum für Zeit und Ewigkeit. / Niemand und nichts anderes soll über sie (ihn) herrschen, / nur du allein.

Die stellvertretende Absage und Hingabe können Familienglieder vollziehen, die selbst abgesagt haben und losgesprochen sind und möglichst in auf- oder absteigender Linie mit dem Unmündigen verwandt sind, jedenfalls in sehr naher Beziehung zu ihm stehen.

Ist der Belastete *verheiratet oder hat er vor-, außer- oder unehelic-*

chen Geschlechtsverkehr gehabt, so ist – nachdem letzteres in der Beichte vor Jesus gebracht ist – alles zusammen auch in Absage und Lossprechung hineinzunehmen, etwa in der Form (im Anschluß an die mittlere Absage):

Ebenso sage ich mich los von jedem Einfluß der Macht der Finsternis, der durch meinen Mann und seine Vorfahren (durch meine Frau und ihre Vorfahren, durch . . . und ihre/seine Vorfahren) auf mich gekommen ist.

Hierbei sind die Namen derer zu nennen, mit denen nichtehelicher Intimverkehr stattgefunden hat. Eine noch bestehende freie Partnerschaft mit Intimverkehr muß aufgegeben werden, um der von Gott gegebenen Ordnung willen (man bedenke hierzu 5. Mos. 22,20–29).

In bezug auf den *Ehepartner* enthalte man sich zunächst eine Zeitlang des Verkehrs gemäß den Weisungen 1. Kor. 7,5–6 und 1. Petr. 3,7b. Ist der Ehepartner gläubig, so berichte man ihm von der Absage und der Hingabe. Vielleicht ist er bereit, auf dieses Zeugnis hin ebenfalls eine Absage und Hingabe zu beten. Ist er noch nicht gläubig, so belasse man ihn oder bringe ihn erneut (unabhängig von einer möglichen Absage) in der Fürbitte vor Jesus. Auf jeden Fall empfehle ich im Anschluß an die eigene Absage ein Fürbittgebet gemeinsam mit dem Seelsorger, etwa in der Form:

Herr Jesus, ich danke dir für die Befreiung, die du mir geschenkt hast, auch für die Befreiung von Belastungen, die unter Umständen durch die Familie meines Mannes (meiner Frau) auf mich gekommen sind. Du hast die Kraft, mich beim Zusammenkommen mit ihm (ihr) vor neuer Belastung zu bewahren. Darum bitte ich dich sehr. Aber noch mehr bitte ich dich darum, daß du meinem Mann (meiner Frau) alle Belastung nimmst, die auf ihm (ihr) liegen mag, um deines Namens willen. Amen.

Eigene Erfahrungen

Ich gebe keine Beispiele aus der Seelsorge, weil das Gebeichtete ein für alle Mal im großen Meer der Liebe Gottes versenkt ist. Ich beschränke mich auf meine Person; es geht mir um das Handeln Jesu.

Sehr eindrücklich ist mir seine strikte Beachtung des *Geheiligtseins des helfenden Zeugen* geblieben. Ich hatte zusammen mit einem Bruder in Christus einem kranken Menschen nach Jak. 5,14 die Hände aufgelegt und um Gesundung gebetet, aber die Erhörung wurde nicht geschenkt. Nach einiger Zeit wurde mir bewußt, daß ich eine unvergebene Schuld mit mir herumtrug. Ich bereinigte sie vor Gott und Menschen, etwa drei Monate nach jenem Heilungsgebet. Am gleichen Tage trat die Gesundung ein, wie ich später erfuhr.

Durch recht demütigende Umstände wurde ich selbst zu einem Absagegebet geführt. Nach dem Tode meines Vaters nahmen meine Frau und ich meine damals 86jährige Mutter zu uns. Die Hauptlast der Pflege lag auf meiner Frau. Aber auch mir oblag manches Schwere, vor allem des Nachts, wo eine motorische Unruhe meine Mutter in der Wohnung umhertrieb und stets zu befürchten war, daß sie fortlief, ohne zu wissen, woher und wohin. Eine Cerebralsklerose hatte ihr das Gedächtnis fast ganz genommen. So saß ich nachts Stunden bei ihr, um sie mit Beten und Singen zu beruhigen. Das zermürbt, wenn es über Monate Nacht für Nacht geschieht und dabei die berufliche Tagesarbeit voll durchgestanden werden muß. Obgleich ich schon lange im Glauben stand und oft zu Diensten für Jesus herangezogen wurde, brachte ich bei dieser nervlichen Belastung nicht die notwendige Geduld und Freundlichkeit auf, um immer liebevoll auf meine Mutter einzugehen. Ich begann zu murren und mit ihr zu hadern! Darüber zutiefst erschrocken und unglücklich schrie ich zu Jesus, immer wieder. Und eines Nachts erhörte er mich spontan: Durch einen Telephonanruf von dritter Seite bahnte er mir den Weg zu dem Seelsorger, den ich in meiner Situation brauchte. Bei ihm habe ich gebeichtet und die Absage und die erneute Hingabe gebetet. Meine okkulten Belastungen (Vater war Freimaurer, ich selbst als Soldat und als Beamter unter Hitler auf diesen vereidigt, als Student Teilnehmer bei Tischrücken, Telepathie u.a.) hatten mich nicht gehindert, zum Glauben an Jesus zu kommen und für ihn zu wirken. Aber als es zu einer Zerreißprobe kam, zeigte sich mit Ungeduld, Unfreundlichkeit, Lieblosigkeit, häßlichen Gedanken u.a. das alte natürliche Wesen bei mir. Doch Jesus hat mir nicht nur die Gelegenheit gegeben, das zu erkennen und zu bereuen, sondern auch die Möglichkeit, davon frei zu werden.

Bei dem gleichen Seelsorger hatte ich noch an dem Tage meiner eigenen Absage und Hingabe auch eine stellvertretende Absage und Hingabe für meine (bereits wieder unmündige) Mutter gebetet. Und auch sie wurde frei! Ruhig und ungestört verliefen von da an die Nächte. Sie lebte noch viele Jahre bei uns, bis sie mit 94 Jahren heimgehen konnte. Nur die körperliche Pflege war noch zu leisten. Auch dazu gab Jesus Kraft. Meine Frau und ich danken es ihm, daß er uns durch diesen Dienst viel lernen ließ.

Noch einiges Grundsätzliche

Im Anschluß an die beiden letzten Kapitel könnten einige Fragen auftauchen, auf die ich zum Schluß noch eingehen möchte.

1. Soll man überhaupt davon reden, von okkulter Belastung und Absage? Macht man damit nicht unnötig Angst?

Gewiß kann es Angst bereiten, wovon hier die Rede war. Nicht davon reden, hieße aber, vor einer konkreten Bedrohung den Kopf in den Sand stecken. Jesus sagt uns: »In der Welt habt ihr Angst, aber seid getrost, ich habe die Welt überwunden« (Joh. 16,33). Und meine Ausführungen sollen im Grunde nur dieses Wort Jesu bestätigen, daß alle Ängste, die im Zusammenhang mit okkulten Mächten auftauchen könnten, in ihm bereits zur Ruhe gekommen sind.

2. Muß man unbedingt ein Absagegebet beten, wenn ein Verdacht oder eine Möglichkeit von okkulter Belastung besteht?

Nein, keineswegs! Das Beten von Absage und Hingabe ist kein theologisches »superadditum«, das noch zum Glaubensentscheid für Jesus dazukommen müßte, um das ewige Leben zu erhalten. Der Glaube allein genügt. Das sagt uns die Bibel mehr als einmal: »Also hat Gott die Welt geliebt, daß er seinen eingeborenen Sohn gab, auf daß alle, die an ihn glauben, nicht verloren werden, sondern das ewige Leben haben« (Joh. 3,16). »Wer an den Sohn glaubt, der hat das ewige Leben« (Joh. 3,36a). »Wahrlich, wahrlich, ich sage euch: Wer mein Wort hört und glaubet dem, der mich gesandt hat, der hat das ewige Leben und kommt nicht in das Gericht, sondern er ist vom Tode zum Leben hindurchgedrungen« (Joh. 5,24). »Wahrlich, wahrlich, ich sage euch: Wer an mich glaubt, der hat das ewige Leben«

(Joh. 6,47). »Denn so du mit deinem Munde bekennst Jesus, daß er der Herr sei, und glaubest in deinem Herzen, daß ihn Gott von den Toten auferweckt hat, so wirst du gerettet« (Röm. 10,9). Unter den an Jesus Glaubenden waren und werden stets viele sein, die trotz einer möglichen okkulten Belastung allein durch den Glauben und das Wirken Jesu an ihnen von jeder Belastung frei wurden und werden. Man denke an Jesu Wort (Joh. 15,3): »Ihr seid schon rein um des Wortes willen, das ich zu euch geredet habe«.

3. *Warum dann überhaupt ein Absagegebet?*

Die Antwort gibt das Wort Jesu, das ich der Einleitung zugrunde gelegt habe: »Ich bin gekommen, daß sie das Leben und volle Genüge haben sollen« (Joh. 10,10). Was das bedeuten mag, habe ich dort ausgeführt. Es gibt viele Gläubige, die in ihrem Glaubensleben mit wenigem zufrieden sind, wo sie doch Leben und Freiheit in Fülle durch Jesus haben könnten. Und Jesus wiederum sucht Jünger, die er beauftragen und senden kann. Daran liegt es, daß er immer wieder einzelnen nachgeht, sie die Belastung erkennen läßt und einem bevollmächtigten Seelsorger zuführt.

4. *Soll man, wenn man bereits abgesagt hat,* später aber neue okkulte Umstände aus dem eigenen Leben erfährt (oder aus dem der Vorfahren oder anderer Menschen, von denen etwas überkommen sein könnte), *noch einmal eine Absage beten?*

Nein, keineswegs! Die erste Absage genügt; sie stellt eine Aufkündigung an den alten Herrn dar, den Fürsten der Welt, die – einmal vollzogen – ein für alle Mal gültig ist und bleibt. In sie ist auch das Neue, das man erst hernach erfahren hat, eingeschlossen. Es hieße, den Teufel zu wichtig nehmen und ihm Ehre geben, wollte man sich ihm erneut zuwenden, wenn auch nur mit einer Absage. Erforderlich ist nur die Beichte – das Bekenntnis der neuen Umstände und der Zuspruch der Vergebung – sowie eine neue dankbare Hingabe an Jesus. Im Gegensatz zur Absage kann die Hingabe an Jesus immer wieder gebetet werden. Wie Braut und Bräutigam sich oft ihrer Zuneigung versichern, so darf jedes Glied der Brautgemeinde immer wieder dem Bräutigam seine Liebe bekennen.

5. *Gibt es eine biblische Weisung, eine Schriftstelle für ein Absagegebet?*

In expliziter Form nicht, *wohl aber der Sache nach*. Zunächst ist aus der frühen Christenheit bekannt, daß sie bei Gläubiggewordenen, die aus dem Heidentum zu Jesus fanden, im Zusammenhang mit der (Erwachsenen-)Taufe geübt wurde. Ich möchte annehmen, daß diese Übung bis in die erste Generation, d.h. bis zu den Aposteln zurückreicht, wie vielleicht aus dem Vorgang in Ephesus zu entnehmen ist (Apg. 19,18-19). Bis in das 19. Jahrhundert hinein wurde eine Form der stellvertretenden Absage auch bei der Kindertaufe vollzogen, indem der Priester oder Pfarrer den Täufling im Namen Jesu durch die Taufe aus dem Machtbereich der Finsternis herauslöste und in das Reich des Sohnes versetzte. Die evangelische Kirche hat seit dem vergangenen Jahrhundert mehr und mehr von dem ersten Akt (der Herauslösung im Namen Jesu) abgesehen, da Existenz und Wirksamkeit von Teufel und Finsternismächten mehr und mehr bezweifelt und schließlich weithin geleugnet wurden.

Die biblische Grundlage für das Absagegebet scheint mir die (in diesem Zusammenhang geistlich zu deutende) Mahnung zu sein (2. Kor. 6,14−17): »Ziehet nicht am fremden Joch mit den Ungläubigen. Denn was hat die Gerechtigkeit zu schaffen mit der Ungerechtigkeit? Was hat das Licht für Gemeinschaft mit der Finsternis? Wie stimmt Christus mit Belial? Oder was für ein Teil hat der Gläubige mit dem Ungläubigen? . . . Darum gehet aus von ihnen und sondert euch ab, spricht der Herr, und rühret kein Unreines an, so will ich euch annehmen.« Das »fremde Joch« ist die Herrschaft, die der Fürst der Welt bei den Menschen ausübt. Der Gläubige soll sich davon trennen, wobei – genau wie das »Joch« – Trennung und Absonderung rein geistlich zu verstehen sind. Der Glaube an Jesus ist bereits geschenkt, aber Bindungen an den alten Herrn noch nicht oder nicht vollständig gelöst. Deshalb werden wir als Gläubige aufgefordert, klare Verhältnisse in unserem geistlichen Stande zu schaffen und die Trennung zu vollziehen. Das geschieht durch die Absage an den alten Herrn und die Hingabe an den neuen Herrn.

J. Stafford Wright

Der Christ und das Okkulte

Mit Beiträgen von Manfred Priebe, Richard Kriese und Heinrich Kemner. Deutsch von Elisabeth I. Aebi
112 Seiten Paperback

Wright verzichtet in seinem Buch auf Sensationsgeschichten. Er bemüht sich um sachgerechte und solide Information und zeigt, daß nicht alle Phänomene, die sich nicht »natürlich« erklären lassen, deshalb schon aus dem Bereich des Okkulten stammen müssen. Der Mensch besitzt als körperliches und geistiges Wesen Fähigkeiten, die den Bereich der sichtbaren Wirklichkeit übersteigen. Dennoch besteht die Gefahr, daß über das Normale hinausgehende psychische Kräfte in okkulte Belastungen umschlagen. Deshalb gilt es, so sagt Wright, die biblischen Warnungen und Leitlinien zu beachten und den Sieg Jesu in Anspruch zu nehmen und auszurufen.

Aus dem Inhalt:
Woher stammt die Neigung zum Okkulten? – Wann Christen nicht neutral sein können – Sichtbares und Unsichtbares – Gute und böse Geister – Satan und seine Werke – Der Mensch als körperliches und geistiges Wesen – Vom Psychischen zum Geistigen – Psychisch oder okkult – Das Psychische ohne das Okkulte – Die psychische Kraft – Die Bibel und die Geister – Wo Geister im Spiel sind – Kehren die Verstorbenen zurück? – Was soll ich tun? – Anhang: Spiritismus und Okkultismus

R. Brockhaus Verlag Wuppertal